É PRA MIM COLOCAR CRASE OU NÃO?

Dados Internacionais de Catalogação na Publicação (CIP)
(Câmara Brasileira do Livro, SP, Brasil)

Simka, Sérgio
    É pra mim colocar crase ou não? uma análise
crítica do emprego de para mim/para eu e do acento
indicativo da crase com numerosos exercícios /
Sérgio Simka.
— São Paulo : Musa Editora, 2001.

ISBN 85-85653-57-4

    1. Português – Crase 2. Português – Erros de
uso 3. Português – Estudo e ensino 4. Português –
Gramática I. Título.

01-0673   CDD–469.5

Índices para catálogo sistemático:

1. Crase : Português : Lingüística   469.5

2. Gramática : Português : Lingüística
        469.5

Sérgio Simka

É PRA MIM COLOCAR CRASE OU NÃO?

**UMA ANÁLISE CRÍTICA DO EMPREGO DE
PARA MIM/PARA EU E DO ACENTO
INDICATIVO DA CRASE
COM NUMEROSOS EXERCÍCIOS**

2ª Edição

© *Sérgio Simka, 2001*

Capa: *Sobre objetos, instrumentos de escrita, Musa.*
Editoração eletrônica: *Eiko Luciana Matsuura*
Fotolito: *Laserprint Editorial*
Impressão: Grafica e Editora Alaúde

Todos os direitos reservados.

Rua Cardoso de Almeida, 2025
01251-001 São Paulo SP

Telefax: (0**)11 3862 2586
(0**)11 3871 5580

e-mail: musaeditora@uol.com.br
site: www.editoras.com/musa

Impresso no Brasil • 2005 • (2ª ed.)

O educador precisa reeducar-se e transformar-se para deixar de vez suas tarefas e as funções da educação sob a ótica das elites econômicas, culturais e políticas das classes dominantes.

Florestan Fernandes

A educação é uma atividade criadora que traz à existência aquilo que ainda não existe.

Rubem Alves

(...) o homem só pode ser educado por seu semelhante, isto é, por homens que também foram educados.

Imannuel Kant

De cada dez pessoas que encontramos, nove são o que são, isto é, bons ou maus, úteis ou inúteis, por causa de sua educação. É ela que produz as grandes diferenças entre os homens.

John Locke

Não há nada melhor que despertar o prazer e o amor pelo estudo; caso contrário, só se formam bons carregadores de livros.

Michel de Montaigne

Aprendizado é isso: de repente, você compreende alguma coisa que sempre entendeu, mas de uma nova maneira.
Doris May Lessing, escritora inglesa

Sempre que ensinares, ensina a duvidarem do que estiveres ensinando.
José Ortega y Gasset, filósofo espanhol

Sumário

Apresentação 11

Primeira Aula: Emprego De Para Mim/Para Eu 13

Segunda Aula: Crase 49

Terceira Aula: Emprego De Há / A 89

Última Aula: Revisão 99

Lição Para O Lar 105

Leitura 123

Chave Dos Exercícios Propostos 129

Bibliografia 157
Siglas De Vestibulares 159

Apresentação

O presente material foi elaborado a partir da constatação do uso largamente difundido da estrutura **para mim** pela imensa maioria dos falantes de nosso idioma em situações em que o emprego contraria a norma gramatical vigente (**para eu**). Por esta razão mereceu um estudo crítico sem, no entanto, cair no âmbito dos estudos acadêmicos, o que não é o objetivo deste livro.

A exposição sobre **crase** também se pautou nesta linha, não havendo a intenção de esgotar o assunto, mas esclarecê-lo da melhor forma possível ante a dificuldade por parte de nossos falantes e estudantes, para que as freqüentes dúvidas possam ser sensivelmente dirimidas.

Procuramos expor os temas utilizando-nos de uma didática bem clara, que levasse o livro a "conversar" com o leitor, daí o motivo das "falas" inseridas.

A cada parte teórica exposta lançamos mão de inúmeros exercícios, alguns extraídos de vestibulares, com o intuito de fundamentar a apreensão, pois partimos do fato de que não basta conhecer somente a teoria, é necessário saber como utilizá-la na prática, principalmente – e esse é um ponto relevante – em situações do nosso dia-a-dia, a fim de que se perceba que o português não é algo do outro mundo, mas parte do universo do falante.

Este livro pode ser considerado didático na medida em que se presta a ensinar e, principalmente, a criticar **o que** e **como** é ensinado, do contrário não concebemos a sua denominação como pertencente ao rol dos chamados "livros didáticos", cuja maior parte deles vem a público sem a necessária e abalizada experiência docente.

Ousamos dizer, ainda, que se difere de todos os trabalhos do gênero porque visa a expor dois pontos teóricos, na maioria das vezes, vistos sem a devida competência, e a criticar de que forma estes são apresentados à nossa coletividade estudantil e a conseqüência desse ensino.

O ensino de português deve abordar aspectos práticos, voltando-se a situações do cotidiano do falante, e não afugentá-lo com regras obsoletas que nunca usará. Por que não começar a mudar a atual didática desse ensino? Por isso ficamos tranqüilos em passar à consideração do leitor para que, como estamos certos, compreenda a proposta deste trabalho.

O Autor

Primeira Aula:
Emprego De Para Mim/Para Eu

> "Chega mais perto e contempla as palavras."
> (Carlos Drummond de Andrade)

- Professor, é pra mim escrever isso ou é só pra mim ficar olhando?

O que há de errado com a indagação do Bacelar?

Devemos alertar que a resposta deverá se prender estritamente ao aspecto gramatical dessa inquietante pergunta.

Pois você, então, terá dez segundos, contados a partir de agora, para encontrar a solução.

Dez, nove, oito, seis, quatro, dois...

(Ou o nosso Orient Quartz endoidou de vez ou o nosso forte nunca foi mesmo matemática...)

Tempo esgotado.

Mas antes de ele acabar, temos certeza de que você pôde observar que:

1) a palavra **para** está grafada **pra**

e

2) ela vem sem o devido acento (**prá**).

Portanto: encontra-se aí o erro a ser apontado.

Correto?

Tememos que não. Observe, pois, o seguinte:

A forma **pra**, que é a redução de **para**, tem um uso largamente difundido na linguagem cotidiana e em situações de informalidade, o que não caracteriza desvio das regras gramaticais, embora muita gente ache o contrário. Considera-se desvio, no entanto, o emprego da forma **pra** na linguagem escrita.

Mais: **pra** (e suas variantes **pras, pro, pros**) deve vir sempre grafada **sem** acento agudo (′).

– Então, quer dizer que não existe nenhum erro gramatical?

Pior é que existe e trata-se, a nosso ver, de um dos mais arraigados, cristalizados, sedimentados, enraizados desvios de uma regra gramatical elementar e cuja divulgação, disseminação, veiculação, propagação, seja na linguagem falada (exemplificada pelo nosso fictício aluno Bacelar), seja na linguagem escrita*,

---

* Para ilustrar o que se afirma, tome-se como exemplo o seguinte trecho extraído de uma redação de aluno de 3º colegial, feita em agosto/1994, em que se utiliza incorretamente o pronome mim, apesar de o aluno, nesse mesmo ano, ter visto o assunto: "Mas espero que com o ensino que eu aprendi aqui, seja suficiente para mim competir lá fora, sem medo de errar."

vem atestar o fato de que o ensino do nosso idioma encontra-se estagnado no tempo, possui falhas de seqüências de conteúdo e uma latente primazia para a banalidade, carecendo de uma reformulação urgente.

Exagero?

Voltemos então à indagação do Bacelar. Vamos agora "adequá-la" à norma gramatical:

— Professor, é pra **eu** escrever isso ou é só pra **eu** ficar olhando?

À primeira vista soa estranho a nossos ouvidos, não é mesmo? Parece que esta é a forma incorreta, não dá mesmo a impressão?

Mas o fato é que por desconhecer completamente a regra gramatical que norteia o assunto, concorrendo com uma criminosa falta de sistematização dessa mesma regra ao longo do período escolar do indivíduo, que o levasse conseqüentemente a empregá-la por toda a vida, que a maioria dos falantes generalizou o pronome **mim** antes de qualquer verbo, generalização essa profundamente arraigada, como dissemos, e extremamente perniciosa porque não distingue indivíduos de nenhuma classe socioeconômica e cultural e inclusive aqueles que — por dever de ofício — deveriam em tese conhecê-la.

Observe outras situações do cotidiano:

1. Mãe, o pai pediu pra mim ir até a padaria.

2. Você poderia emprestar a lição pra mim copiar?

3. É pra mim ir até a lousa?

4. O professor pediu pra mim não dizer mais palavrões durante a explicação.

Com certeza você (ou alguém que você conheça) deve ter ouvido frases semelhantes ou mesmo ter se expressado, obviamente com ligeiras adaptações contextuais, nos moldes acima descritos. O problema, como afirmamos, é que a imensa maioria não se dá conta de que está cometendo – até inconscientemente – aquele desvio gramatical a que anteriormente nos referimos. Como corrigir, pois, tal desvio?

– **No lugar do mim, basta substituir por eu. É o que deu pra mim deduzir.**

Pra quem deduzir?

– **Ah, é mesmo. É o que deu pra eu deduzir. Isso pega.**

Não foi o que lhe dissemos?

As quatro frases acima estariam mais bem escritas (e muito mais bem faladas) se, em vez do pronome **mim**, usarmos o pronome **eu**. Veja como ficam agora:

1. Mãe, o pai pediu pra **eu** ir até a padaria.

2. Você poderia emprestar a lição pra **eu** copiar?

3. É pra **eu** ir até a lousa?

4. O professor pediu pra **eu** não dizer mais palavrões durante a explicação.

Parecem estranhas as estruturas com o pronome **eu**, é verdade, mas é o que diz a regra. Vamos vê-la então?

Abrem-se as cortinas.

A Regra

A regra, apesar de todo o escândalo que fizemos, é absolutamente simples. Antes de um verbo que esteja no infinitivo, isto é, forma nominal do verbo terminada em **r** (comprar, vender, partir, etc.), devemos utilizar o pronome pessoal reto **eu**, que funciona como o sujeito do verbo:

A professora de literatura deu um livro chato para **eu** ler.

                                   ↗   ↑
                      sujeito verbo
                   do verbo no
                        ler   infinitivo

Quando, porém, não houver verbo no infinitivo, empregamos o pronome pessoal oblíquo **mim**:

A professora de literatura deu um livro chato para **mim**.

                                  ↗   ↑
                  preposição pronome
                                  oblíquo
                            (complemento
                            do verbo dar)

Pegou?

Analise então as duas situações que seguem:

1. Este é um problema para _____ resolver?

2. Tem certeza de que é um problema para_____?
    eu ou mim?

Aplicando a regra, temos:

1. Este é um problema para **eu** resolver?

porque há um verbo no infinitivo (resolver)

e

2. Tem certeza de que é um problema para **mim**?

porque não há verbo no infinitivo e há, ainda, a preposição **para**.

Vamos praticar mais um pouco? Pegue então um lápis e resolva os seguintes exercícios:

1. A professora pediu para _____ ir buscar giz colorido.

2. Pai, empresta o carro para _____ dar uma volta?

3. Este livro de Machado de Assis é para _____ ler.

4. Ele comprou este livro de Machado de Assis para _____.

5. Maria, não dá para _____ ir lá agora.

6. Tudo para _____ agora está muito claro.

7. Este exercício não é difícil para _____.

8. Professor, é pra _____ copiar este exercício?

9. Como sempre, deixaram tudo para _____ resolver.

10. Sempre, para _____, a Matemática foi um bicho-papão.

11. Para _____ poder conversar com você, você precisa virar-se para _____.

12. Era para _____ falar com ela ontem, mas não a encontrei.

13. Esta droga de lápis não serve para _____ escrever.

14. Para _____, o tempero desse pescoço de frango está ótimo. (A coisa está feia, hem?)

15. Bastava uma palavra para _____ e a nossa história seria diferente.

16. Este dinheiro todo é para _____ gastar?

17. Vocês trouxeram isto para _____? São os testes para _____ corrigir?

18. Este é um assunto para _____ pensar.

19. A empregada deixou a louça do almoço para _____ lavar.

20. Para _____ o jogo de interesses era visível.

21. Lembro-me agora de que era para _____ ter ido lá ontem.

22. Por ser hoje dia do meu aniversário, talvez a minha namorada traga uma surpresa para _____.

23. Deixaram tudo para _____ fazer, mas, meu Deus, não dá para _____ fazer tudo sozinho.

24. Esta cama é para _____ arrumar e aqueles sapatos são para _____ guardar. Você é motivo de orgulho para _____.

25. Pediram para _____ servir o café às cinco em ponto.

26. Para _____ entrar na faculdade, tive que estudar muito.

27. Eles enviaram os currículos para _____ analisar.

28. Para _____ sair é necessário que alguém fique de olho no bebê.

29. "A chegada das velhinhas ocupando o quarto apartamento do andar poderia significar um problema para _____."

(Marisa Raja Gabaglia)

30. "Por que me pediram pra _____ me comportar feito homem e me botaram pra fora da sala assim que eu comecei a falar indecência?"

(MILLÔR FERNANDES)

31. "E se pela última vez / me permite perguntar: / não existe outro trabalho / para _____ neste lugar?"

(JOÃO CABRAL DE MELO NETO)

32. "Minha mãe ficava sentada cosendo / olhando para _____."

(CARLOS DRUMMOND DE ANDRADE)

33. "Ter consciência de que, para _____ ganhar, você não precisa perder; a não ser que você insista: aí o problema é seu."

(LAIR RIBEIRO, médico neurolingüista)

34. "E uma leitora me liga pedindo pra _____ escrever que o Lima Duarte está fantástico."

(JOSÉ SIMÃO)

35. "Felizmente para _____, que já não me podia conter, o suplício terminou."

(JOSÉ DE ALENCAR, *Lucíola*)

36. "Talvez até esse fato tenha contribuído para _____ me aplicar ao verso livre, naquela divina ignorância,

supondo que o verso livre não tinha regras, não tinha ritmos, não tinha organização, estrutura..."

(CARLOS DRUMMOND DE ANDRADE)

37. "Aquele dia que você me deixou na porta do clube pra _____ pegar o ônibus às 7 da manhã, eu acho que você leu o horário errado no papel, pois o ônibus só saiu às 3 da tarde..."

(MARCELO FROMER e NANDO REIS)

38. "Ele me perguntou: 'Será que já está tarde demais para _____ ingressar na indústria de software, construir minha empresa e ficar rico?'"

(BILL GATES)

Conseguiu encarar todos os exercícios?

— Lógico! Mas... como faço pra eu saber se estão corretos? Às vezes pode pintar uma dúvida, não é mesmo?

É verdade, mas não nos esquecemos desse ponto, não. As respostas de todos esses exercícios você encontra no final do livro, sob a denominação "Chave dos exercícios propostos". É só conferir. Temos certeza de que você atingiu o índice de 100% de acerto!

Pausa para o lanche.

De estômago cheio e após ter feito inúmeros exercícios, você se encontra apto a enfrentar uma particularidade no emprego da estrutura para mim/para eu.

— **Existe exceção?**

Como não podia deixar de ser, existe sim. Veja essa frase:

Foi fácil para _____ resolver aqueles exercícios.

Pela regra que vimos, empregaríamos sem sombra de dúvida o pronome **eu**, pois na frase existe um verbo no infinitivo (resolver). No entanto, obedecendo à norma gramatical, devemos empregar o pronome **mim**:

Foi fácil para **mim** resolver aqueles exercícios.

Por quê?

Porque o pronome **mim**, neste caso, não está se referindo ao verbo resolver, mas é complemento do adjetivo **fácil**.

Observe como fica a frase na ordem direta:

Resolver aqueles exercícios foi fácil **para mim**.

Caso utilizássemos o pronome **eu** no lugar de **mim**, teríamos a seguinte construção:

Resolver aqueles exercícios foi fácil para **eu**.

Observe que a frase ficaria, gramaticalmente, incorreta.

Complicou?

Tente, então, resolver os exercícios que seguem. Não se desespere.

39. Foi difícil para _____ estudar à noite.

40. É difícil para _____ falar a língua portuguesa.

41. Para _____ escrever uma carta de amor, ensaio meses.

42. Será impossível para _____ concluir hoje este capítulo.

43. Para _____, viajar de avião sempre foi um deus-nos-acuda.

44. Empreste o livro para _____ ler.

45. Foi bom para _____ tê-los ajudado.

46. É difícil, para _____, esquecer tantas injustiças naquela escola.

47. Não foi possível para _____ vir ontem porque estava com febre.

48. Se é para _____ pagar, desista; não recebi o vale.

49. "Mas eu o exasperava tanto que se tornara doloroso para _____ ser o objeto do ódio daquele homem que de certo modo eu amava."

(CLARICE LISPECTOR)

— Ufa! Consegui. Não vá me dizer que existem outras particularidades...

Já que tocou no assunto, existe uma outra situação, igualmente generalizada, de utilizar o pronome **eu** após preposições. Considere – prometemos que serão as últimas – mais estas frases:

1. Entre **eu** e ela não existe nada, apenas amizade.

2. Nunca houve entre **eu** e a Zinha motivos de desconfiança.

Por que tais frases estão gramaticalmente incorretas?

Porque após preposições (**entre, de, para, sem,** etc.) devemos utilizar o pronome **eu** na forma oblíqua, ou seja, **mim**.

Assim:

1. Entre **mim** e ela não existe nada, apenas amizade.

2. Nunca houve entre **mim** e a Zinha motivos de desconfiança.

Estranho? Pode parecer, mas é o que preceitua a norma. O problema reside na generalização enganosa, que dissemina a muita gente uma pseudo-regra, incorreta como vimos.

Vamos exercitar mais um pouco?

50. Ela, por mais que tente, não consegue viver sem _____.

51. Entre _____ e ela não há mais nada a dizer.

52. Papai emprestou o carro para _____ ir até o clube.

53. Sem _____ autorizar, ninguém deve começar a prova. (Atenção: neste caso e em outros semelhantes a preposição está regendo o verbo, e não o pronome.)

54. Cheguei à conclusão de que está na hora de _____ fazer alguma coisa de útil para _____: vou sair e procurar um emprego.

55. Entre _____ e meus colegas de classe não existem grandes divergências.

56. Essa gente sempre teve muita inveja de _____.

57. Entre _____ ficar e _____ ir, prefiro ficar.

58. Nunca surgiram, ao longo desses anos, desentendimentos entre _____ e ti.

59. Escreva para _____ informá-lo das novidades. (Lembre: informar + o = informá-lo)

60. Sempre haverá muita compreensão entre _____ e ela.

61. Tudo se voltou contra _____ e você.

62. É bom para _____ ir à igreja de vez em quando.

63. "Tive essa sorte na vida, nunca tive chefe que mandasse em _____."

(CARLOS DRUMMOND DE ANDRADE)

64. "Não vá sem _____ lhe ensinar a minha filosofia da miséria."
(MACHADO DE ASSIS)

65. "Entre _____ e _____, há vastidões bastantes / para a navegação dos meus desejos afligidos."
(CECÍLIA MEIRELES)

66. "Dentro de _____ ela ocupa todo espaço livre."
(MARISA RAJA GABAGLIA)

67. "Mas teve tempo de se lembrar de _____."
(LOURENÇO DIAFÉRIA)

68. "A borboleta, depois de esvoaçar muito em torno de _____, pousou-me na testa."
(MACHADO DE ASSIS)

69. "É noite. Sinto que é noite

não porque a sombra descesse

(bem me importa a face negra)

mas porque dentro de _____,

no fundo de _____, o grito

se calou, fez-se desânimo."
(CARLOS DRUMMOND DE ANDRADE)

Fecham-se as cortinas.

Fim da primeira aula.

Mas como ouvimos bis, e a ética manda não nos furtarmos, vamos bisar com novos exercícios.

— **Você deve ter ouvido eu falar que ia jogar bisca com os meus amigos.**

Vamos começar com estes nove exercícios. Que tal encará-los?

70. (FGV-SP) Leia atentamente as seguintes frases:

I – João deu o livro para mim ler.

II – João deu o livro para eu ler.

A respeito das frases acima, assinale a afirmação correta.

a) A frase I está certa, pois a preposição **para** exige o pronome oblíquo **mim**.

b) A frase II está certa, pois o sujeito de **ler** deve ser o pronome do caso reto **eu**.

c) A frase I está certa, pois **mim** é objeto direto de **deu**.

d) A frase II está certa, pois **para** exige o pronome do caso reto **eu**.

e) Ambas as frases estão corretas, pois a preposição **para** pode exigir tanto a forma **mim** quanto a forma **eu**.

71. (EPM-SP) Escreva nos espaços **eu** ou **mim**:

 "Deram-na para _____ ler, quando entre _____ e ela tudo ia bem."

72. (UFRS) Se é para _____ dizer o que penso, creio que a escolha se dará entre _____.

 a) mim/eu e tu.

 b) mim/mim e ti.

 c) eu/mim e tu.

 d) eu/mim e ti.

 e) eu/eu e ti.

73. Assinale o exemplo que contém mau emprego de pronome pessoal.

 a) Nada mais há entre mim e ti.

 b) Nada mais há entre eu e ti.

 c) Nada mais há entre mim e ele.

 d) Nada mais há entre ele e você.

 e) Nada mais há entre ele e ela.

74. (UFOP- MG) Verifique o emprego das formas pronominais nos períodos abaixo:

 1. Não há mais ciúmes **entre eu e ele**.

 2. **Perante eu e vós** o juiz a declarou culpada.

3. Papai deu o carro **para mim** dirigir.

4. **Contra os alunos e eu** estava o chefe da coordenadoria.

5. **Sem você e eu** ninguém fará nada correto.

Assinale a opção correta:

   a) Todos os períodos estão corretos.

   b) Todos os períodos estão incorretos.

   c) Apenas o período 3 está incorreto.

   d) Apenas o período 1 está incorreto.

   e) Apenas os períodos 1 e 3 estão incorretos.

Após preposições utilizamos pronomes oblíquos ou pronomes retos?

75. (FCC) Este é encargo para _____ assumir sozinho, sem que se repartam as responsabilidades entre _____.

   a) mim – eu e tu

   b) mim – mim e tu

   c) mim – mim e ti

   d) eu – eu e ti

   e) eu – mim e ti

76. (Mack-SP) Identifique a série de pronomes que completa adequadamente as lacunas do seguinte período:

Os desentendimentos existentes entre _____ e _____ advêm de uma insegurança que a vida estabeleceu para _____ traçar um caminho que vai de _____ a _____.

a) eu – tu – eu – mim – tu.

b) mim – ti – mim – mim – tu.

c) mim – ti – eu – mim – ti.

d) eu – ti – mim – mim – tu.

e) eu – ti – eu – mim – ti.

77. (FCMSC-SP) A carta vinha endereçada para _____ e para _____; _____ é que a abri.

Assinale a letra correspondente à alternativa que completa corretamente as lacunas da frase apresentada:

a) mim, tu, por isso

b) mim, ti, porisso

c) mim, ti, por isso

d) eu, ti, porisso

e) eu, tu, por isso

78. (FMPA-MG) Assinale a alternativa que completa corretamente as frases abaixo:

Os gritos chegaram até _____.

Entre você e _____ há grande diferença de idade.

Entregou as fotografias para _____ selecioná-las.

Para _____ é difícil estudar à noite.

Deixaram a louça para _____ lavar.

a) mim, mim, eu, mim, eu

b) eu, eu, mim, mim, eu

c) mim, mim, eu, eu, mim

d) eu, mim, eu, eu, eu

e) mim, eu, eu, eu, mim

Os exercícios seguintes requerem uma atenção aos seguintes tópicos:

1. A forma **conosco** é substituída por **com nós** quando o pronome pessoal é reforçado por palavras do tipo **outros, mesmos, todos** ou algum numeral:

Sua irmã terá de viajar **com nós todos.**

Ela disse que não iria **com nós quatro.**

Do contrário:

As meninas irão **conosco** ao balneário.

2. Os pronomes **si** e **consigo** devem ser empregados somente como reflexivos (referem-se ao próprio sujeito do verbo):

Meu irmão é muito egoísta: só pensa em **si**. (= pensa nele mesmo)

O professor trouxe **consigo** as provas. (= com ele mesmo)

Do contrário, seu emprego ficará incorreto:

Zé, vou **consigo** ao boteco.

Corrija para:

Zé, vou **com você** ao boteco. (tratando a pessoa por **você**)

ou

Zé, vou **contigo** ao boteco. (tratando a pessoa por **tu**)

Vamos praticar, então?

79. (ITA-SP) Dadas as sentenças:
    1. Ela comprou um livro para mim ler.
    2. Nada há entre mim e ti.
    3. Alvimar, gostaria de falar consigo.

    verificamos que está (estão) correta(s):

    a) apenas a sentença 1
    b) apenas a sentença 2
    c) apenas a sentença 3
    d) apenas as sentenças 1 e 2
    e) todas as sentenças

80. (FGV-RJ) Assinale a série que completa corretamente as frases:

1. De presente, deu-lhe um livro para _____ ler durante as férias.

2. De presente, trouxe um livro para _____.

3. Nada mais há entre _____ e você.

4. Sempre houve entendimentos entre _____ e ti.

5. José, espere. Vou _____.

   a) ele – mim – eu – eu – consigo

   b) ela – mim – mim – mim – com você

   c) ela – eu – mim – eu – consigo

   d) ela – mim – eu – eu – consigo

   e) ela – mim – eu – mim – com você

81. (UFV-MG) Das alternativas abaixo, APENAS UMA preenche de modo CORRETO as lacunas das frases. Assinale-a:

   Quando saíres, avisa-nos, que iremos _____.

   Meu pai deu um livro para _____ ler.

   Não se ponha entre _____ e ela.

   Mandou um recado para você e _____.

   a) contigo, eu, eu, eu

   b) com você, mim, mim, mim

c) consigo, mim, mim, eu

d) consigo, eu, mim, mim

e) contigo, eu, mim, mim

Tu sabes nos dizer qual é o sujeito da primeira oração?

82. (Fuvest-SP) Assinale a alternativa em que o pronome grifado foi empregado **corretamente**:

   a) Aguarde um instante. Quero falar **consigo**.

   b) É lamentável, mas isso sempre ocorre com **nós** dois.

   c) O processo está aí para **mim** examinar.

   d) Vossa Senhoria preocupa-se com problemas cuja solução foge a **vossa** alçada.

   e) Já se tornou impossível haver novos entendimentos entre **eu** e você.

Lembre-se de que todos os pronomes de tratamento (você, V.Exa., V.Sa., etc.) exigem verbos e pronomes na 3ª pessoa:

V.Sa. se preocupa com sua aparência?

e não

V.Sa. vos preocupais com vossa aparência?

83. (UEL-PR) O trato foi feito _____, mas ficou tudo para _____ fazer, embora aquela não fosse tarefa para _____.

a) com nós – eu – mim

b) conosco – mim – mim

c) conosco – mim – eu

d) com nós – mim – eu

e) conosco – eu – mim

Você vai com nós? ou Você vai conosco?

84. (USF-SP) Considere os períodos:

I – É difícil para mim aceitar o que dizes.

II – Vou estar consigo hoje à noite.

III – Os jornais de hoje, já li todos eles.

IV – Ele só cuida de si e de seus interesses.

V – O diretor irá jantar com nós todos, hoje.

Assinale:

a) I, II e III estão corretos

b) II, III e IV estão corretos

c) I, III, IV e V estão corretos

d) II, IV e V estão corretos

e) Todos estão corretos.

85. (Fuvest-SP) Selecione a alternativa que contém a forma adequada ao preenchimento das lacunas.

Era para _____ falar _____ ontem, mas não _____ encontrei em parte alguma.

a) mim – consigo – o

b) eu – com ele – lhe

c) mim – consigo – lhe

d) mim – contigo – te

e) eu – com ele – o

<blockquote>
Não o encontrei ontem.

ou

Não lhe encontrei ontem.
</blockquote>

Lembre-se de que o verbo encontrar é transitivo direto, ou seja, pede um complemento sem preposição. Os pronomes oblíquos que funcionam sempre como complemento (objeto direto) são: o, a, os, as.

Portanto: Não o encontrei ontem.

86. (UEL-PR) Para _____ poder terminar a arrumação da sala, guardem _____ material em outro lugar até que eu volte a falar _____, dizendo que já podem entrar.

a) eu – seu – com vocês

b) eu – vosso – convosco

c) eu – vosso – consigo

d) mim – seu – com vocês

e) mim – vosso – consigo

87. (Fuvest – SP) Assinale a alternativa onde o pronome pessoal está empregado corretamente:

a) Este é um problema para mim resolver.

b) Entre eu e tu não há mais nada.

c) A questão deve ser resolvida por eu e você.

d) Para mim, viajar de avião é um suplício.

e) Quando voltei a si, não sabia onde me encontrava.

Quando voltei a si?

ou

Quando voltei a mim?

Qual é o sujeito?

Lembre-se:

eu – me – mim

tu – te – ti

ele/ela – se, o, a, lhe – si, ele, ela

nós – nos – nós

vós – vos – vós

eles/elas – se, os, as, lhes – si, eles, elas

Força! Que tal encarar estes sete últimos?

88. Você sabe _____ razão o chefe pediu para _____ fazer o serviço?

   a) por que – mim

   b) porque – mim

   c) por quê – mim

   d) porque – eu

   e) por que – eu

   - Por que você não estuda?

   - Porque estou sem tempo.

   - Pode me dizer o porquê?

   - Você sabe por que motivo estou sem tempo.

   - Não sei dizer por quê.

89. (FCMSC-SP) Por favor, passe _____ caneta que está aí perto de você; _____ aqui não serve para _____ desenhar.

   a) aquela – esta – mim

   b) esta – esta – mim

   c) essa – esta – eu

   d) essa – essa – mim

   e) aquela – essa – eu

Este, esta, isto – o ser está próximo da pessoa que fala.

Esse, essa, isso – o ser está próximo da pessoa com quem se fala.

Aquele, aquela, aquilo – o ser está distante dos interlocutores.

90. (Mack-SP) Assinale a alternativa correta com relação ao uso do pronome pessoal:

   a) Entre eu e ti existe um grande sentimento.

   b) Isto representa muito para mim viver.

   c) Com tu, passo os momentos mais felizes de minha vida.

   d) Sempre lhe quis ao meu lado.

   e) De fato, entre mim e ti, há sempre um clima de harmonia.

Verbo querer no sentido de desejar é transitivo direto: Ela queria o namorado ao seu lado, mas não o quer mais.

91. (UFSCar-SP) Indique a alternativa correta:

   a) Não deu para mim entrar em contato com as autoridades.

   b) Neste museu outros espécimes havia de existir.

c) Se vocês verem o estandarte na rua, esperem o bloco passar.

d) Prestígio e talento não lhe faltam.

e) É difícil resolver esta pendência entre eu e você.

Os professores de português havia de existir?

ou

Os professores de português haviam de existir?

Se vocês verem a professora?

ou

Se vocês virem a professora?

92.

1. Chegaram várias cartas, mas não havia nenhuma para _____.

2. Não é tarefa para _____ desenvolver este tema.

3. Este tema não é tarefa para _____ desenvolver por enquanto.

4. É mais fácil para _____ acreditar nessa estória do que para ele.

A opção que completa, corretamente, as lacunas acima é:

a) mim – eu – mim – eu

b) mim – mim – eu – mim

c) eu – eu – mim – mim

d) eu – eu – eu – eu

e) mim – mim – mim – mim

Cuidado com o segundo item.

Inverta a estrutura.

Para mim ou para eu?

93. Complete as lacunas com eu ou mim:

1. Minha irmã deixou toda a louça para _____ enxugar.

2. É muito difícil para _____ acreditar na tua história.

3. O amigo não tinha alugado o apartamento para _____?

4. Entregou as fotografias para _____ selecionar as melhores.

5. É muito incômodo para _____ ler durante uma hora seguida.

a) eu, eu, mim, eu, eu

b) mim, mim, mim, mim, mim

c) eu, eu, mim, mim, mim

d) eu, mim, mim, eu, mim

e) mim, eu, mim, eu, mim.

É PRA MIM COLOCAR CRASE OU NÃO?

94.

1. É muito difícil para _____ escrever-lhe diariamente.

2. Eles chegaram a discutir entre _____, mas não brigaram.

3. Percebi que o plano era para _____ desistir do jogo.

4. Passeando pelo jardim, o velho falava _____, murmurando frases confusas.

   a) mim – eles – mim – consigo

   b) mim – si – eu – consigo

   c) eu – eles – eu – contigo

   d) eu – si – eu – consigo

   e) mim – si – mim - contigo

Terminou de resolver os exercícios?

Gratos pela atenção.

Pano bem rápido.

Segunda Aula: Crase

"Ai, palavras, ai, palavras, que estranha potência, a vossa!"

(Cecília Meireles)

CRASE

Considerações preliminares

É consenso de que o assunto proporciona dúvidas a uma expressiva maioria, seja ela formada por estudantes, seja por profissionais, seja por aqueles que utilizam o idioma como meio de sobrevivência.

Essa gama de dúvidas decorre, a nosso ver, de dois pólos:

— primeiro, do fato de que a existência de muitas particularidades e dos numerosos casos, cuja totalização pode chegar facilmente ao conjunto expressivo de mais de quarenta regras se não levarmos em conta a generalização *, contribui para o obscurantismo em relação ao assunto e sua conseqüente ingerência na assimilação;

— segundo, do fato de que o assunto não está sendo alvo de uma proficiente explanação e compreensão em nossas escolas, cujo indício, sem sombra de dúvida, centra-se na "clássica" pergunta: "Este a tem crase?", que analisaremos logo mais.

---

* Cite-se o exemplo de generalização: antes de pronomes em geral não ocorre crase. Há, entretanto, pronomes que admitem a ocorrência de crase, como alguns demonstrativos e de tratamento.

A conseqüência não poderia ser mais desastrosa: a soma desses dois pólos fornece a dimensão exata da situação a que chegou o assunto, a ponto de especialistas, como o professor Sacconi, considerarem um problema de Estado. **

Não se trata de "excesso lingüístico"; o problema assume tais proporções quando se constata a freqüência de erros cometidos sobre o assunto por jornais de prestígio e de grande tiragem. E como se isso já não bastasse, concorrendo para a mantença dos equívocos, há professores ensinando o que, em verdade, mal conhecem.

Vamos aos fatos.

Eis alguns textos de jornais que contêm erros com relação à crase:

"... o Estado deveria fornecer segurança à esta população..."
(Folha de S.Paulo)

"À uma pergunta sobre..."
(Folha de S.Paulo)

"Ontem, alunos foram à Brasília..."
(Diário do Grande ABC)

"... o candidato pode ser submetido, muitas vezes, à um verdadeiro teste de nervos."
(Diário do Grande ABC)

** SACCONI, L.A. *Não erre mais!* 13.ed. São Paulo: Atual, 1990. p. 354.

"À essa altura, várias pessoas gritaram..."

(*Diário do Grande ABC*)

"... chegaram atrasados devido a final do Campeonato Brasileiro..."

(*FT*)

"... viagem de oito vereadores (...) à Fortaleza..."

(*A Voz de Mauá*)

"Fui render graças à Deus..."

(*Folha de S.Paulo*)

"... ante à perspectiva de derrota eleitoral..."

(*Diário Popular*)

"(...) solicita ônibus interligando Rio Grande à São Bernardo"

(*Correio do ABC*)

"Para tentar atender à toda demanda..."

(*Diário do Grande ABC*)

"Voltou ontem à Santo André."

(*Diário do Grande ABC*)

"... um desgaste perante à opinião pública."

(*Diário Popular*)

"... foi a primeira empresa **à** recorrer à Justiça..."

(Folha de S.Paulo)

"Eles disseram pertencer **à** uma quadrilha de roubos de caminhões..."

(Diário do Grande ABC)

"Viagem **à** Aparecida"

(Diário do Grande ABC)

"O bom filho **à** casa torna"

(Diário do Grande ABC)

"Desde então está preso (...) **a** espera do julgamento."

(Folha de S.Paulo)

"Cinto desperta desejo de obedecer **a** lei"

(Folha de S.Paulo)

"Eu daria a nota máxima para esse debate, desde **à** organização até a formulação das perguntas."

(Diário do Grande ABC)

"O projeto (...) visava **a** privatização."

(Folha de S.Paulo)

Mais?

Analisem-se estes exemplos:

"Os motoristas que não obedecerem a lei poderão ser multados..."
(*Diário Popular*)

"Nenhum funcionário da Prefeitura foi visto pela reportagem do **Diário** que esteve no local entre **às** 15h e 16h."
(*Diário do Grande ABC*)

"... e onde há evidências de manipulação dos resultados que se proceda a rigorosa apuração..."
(*Diário Popular*)

"Jóias e relógios à preço de fábrica"
(de um anúncio publicitário veiculado no *Diário do Grande ABC*)

"Parabéns à este **Municipio**..."
(de um anúncio publicitário veiculado na *Tribuna do ABC*)

"Eles teriam descido do ônibus para brigar, em frente à uma oficina."
(*Diário do Grande ABC*)

"... e confusa ao se submeter à seus próprios fantasmas."
(de um caderno de cultura do *Diário do Grande ABC*)

"... somente para atividades ligadas à essa área..."

(idem)

Sofrível.

A seguir apresentam-se dois textos. Leia-os com a máxima atenção.

O primeiro é assinado por uma jornalista:

Zé Dirceu vai deflagrar a operação "boca à boca". Boca a boca não tem crase, Zé Dirceu. Só língua.
    (*Diário do Grande ABC*, 1/10/94, Cad. A, pág. 8)

O segundo refere-se ao "truque" que um professor (de cursinho!) forneceu a respeito do assunto:

Sistema para memorizar o uso correto da crase fornecido pelo professor de gramática do cursinho (...).

É só substituir a palavra que vem depois do a pelo masculino correspondente. Se aparecer um ao, quer dizer que a crase deve ser usada. Mas atenção com as exceções. Pronomes de tratamento não seguem essa regrinha.
    (Suplemento Vestibular 95 do *Diário do Grande ABC*,
    16/11/94, pág. 6)

Os dois textos anteriores remetem a uma questão crucial, ou seja, à confusão que comumente se estabelece entre crase e acento.

Atente para a pergunta:

É PRA MIM COLOCAR CRASE OU NÃO?

Pergunta que aparentemente se manifesta inofensiva, encerra três graves problemas, a saber:

1) ela está estruturada incorretamente porque crase não é nome de acento e, sim, nome de um fenômeno morfossintático. Em virtude disso, a pergunta a ser feita é: - Esse **a** tem acento indicativo de crase? Por aí é que se pode auferir o desconhecimento acerca do assunto.

2) está generalizada de tal forma que hoje em dia torna-se difícil reverter; crase passou a ser, para milhares de falantes, sinônimo de acento.

3) depreende-se que, em face da estruturação da pergunta e o grau de sua propagação, o assunto não está sendo visto como deveria em nossas escolas: ou não está havendo apreensão por parte dos alunos, ou está sendo mal ensinado.

Por que não romper com esse círculo mais que vicioso?

CONCEITUAÇÃO

Crase (do grego **krasis** = mistura, fusão) é o nome que se dá à fusão (ou união) de duas vogais idênticas (**aa**) em uma só (**a**). Essa fusão, na escrita, é representada pelo acento grave (`).

Como você pode perceber, **crase** NÃO PODE ser confundida com **acento grave** (`), o que habitualmente ocorre, como vimos, a ponto de perguntarem: "Esse **a** tem crase?" em vez de "Esse **a** tem acento grave?"

Crase NÃO É o nome do acento; o **acento grave** (`) é que **indica** que houve a fusão de dois **aa**, é o **acento indicador da crase**, da união de dois **aa**.

PARA VOCÊ GUARDAR

Crase, portanto, é a fusão de dois **aa**, e o acento grave (`) indica essa fusão.

(Quando você ouvir alguém perguntar se "determinado **a** tem crase", não pense duas vezes em pedir ao cidadão que adquira, com urgência urgentíssima, este livro.)

Para verificar se houve compreensão do conceito dado, leia as orações que seguem:

1ª) Mamãe pediu para vovó ir à quitanda.

2ª) Como não ouve direito, vovó foi ao supermercado.

Pergunta: Em qual das orações ocorreu crase?

Na mosca! Ocorreu crase na primeira, porque houve a fusão (ou a contração) de dois **aa**. Para indicar tal fusão, utilizou-se o acento grave.

E em relação à segunda, por que não houve crase?

Porque não houve a contração de duas vogais idênticas, houve, como você pode notar, a combinação de vogais diferentes, ou seja, a + o resultou em **ao**.

Compreendida essa noção fundamental (que a maioria esmagadora desconhece), vamos passar a estudar agora a "função" desses dois **aa**.

Observe a seguinte construção:

VOU À ESCOLA.

Como você já sabe, ocorreu crase, pois houve a fusão de um **a** com outro **a**. Mas qual é a "função" que eles desempenham na frase?

Pegando uma lupa imaginária, vamos, agora, ver mais de perto essa oração, separando-a em seus elementos constitutivos à luz da Morfologia:

Vou	a	a	escola.
verbo	preposição	artigo definido feminino	substantivo feminino

(com **a** + **a** = **à** fundindo as duas preposições/artigo acima)

Você pode observar que:

• 1º **a** tem valor de preposição, e vai estar ligado, no caso, ao verbo **ir**, pois quem vai, vai a algum lugar;

• 2º **a** tem valor de artigo definido feminino, e vai estar ligado ao substantivo feminino, que é a palavra **escola**,

• a **crase** resulta da fusão (ou contração) da preposição **a**, exigida pelo verbo **ir** (quem vai, vai **a** algum lugar), com o artigo feminino **a**, pedido por um substantivo feminino (**escola**).

Sendo assim, podemos propor a

REGRA GERAL

Ocorrerá crase da preposição **a** + artigo definido feminino **a** (ou **as**):

a) se o verbo (termo da esquerda) exigir preposição **a**

e

b) se o substantivo feminino (termo da direita) admitir artigo **a** (ou **as**).

Assim, na oração

Minhas primas foram **à** praia cedo.

ocorreu crase porque o verbo **foram** exige preposição **a,** e o substantivo feminino **praia** admite artigo feminino **a** .

IMPORTANTE

Se não ocorrerem as duas situações mencionadas na regra geral, não haverá crase de jeito nenhum.

Quer ver?

Na oração

Conheço **a** menina.

não ocorreu crase porque, apesar de a palavra **menina** ser um substantivo feminino e portanto admitir artigo **a**, ela não depende de palavra (verbo) que exija preposição **a**, pois o verbo **conhecer** não exige preposição (quem conhece, conhece alguém).

Na oração

Voltei **a** casa correndo.

também não ocorreu crase porque, apesar de o verbo **voltar** exigir preposição **a** (quem volta, volta **a** algum lugar), o substantivo **casa**, que é feminino, NÃO admite artigo **a**.

A partir de agora, estamos aptos a ver as regras, pois estas nada mais são do que a decorrência do que foi exposto até aqui.

CASOS EM QUE NÃO OCORRE A CRASE

1. Antes de palavras masculinas:

Ele sempre anda **a cavalo** pelas ruas do bairro.
Escreveu sua dissertação **a lápis**?

2. Antes de verbos:

Quando recebeu a prova, o aluno começou **a chorar**.
Aquele funcionário público estava disposto **a trabalhar** hoje.

3. Nas expressões formadas por palavras repetidas:

Os inimigos políticos tiveram que ficar **frente a frente** para o debate.

O boato sobre o estupro corria de **boca a boca**.

4. Quando o **a** (sem **s**) estiver antes de uma palavra no plural:

Júlia Maria nunca vai **a festas** sozinha.

Obs.: Porém, se o **a** estiver no plural, haverá crase:

Joana sempre vai **às festas** com sua irmãzinha.

5. Antes de pronomes que não admitem artigo:

a) pessoais:

Escreveram **a ela** antes de escreverem **a ti**.

Nas dúvidas de português, todos recorrem **a mim**.

b) de tratamento (com exceção de **senhora, senhorita** e **dona**, que pelo fato de admitirem artigo, admitem também a crase):

Jamais me referi **a Vossa Excelência** com palavras ignóbeis.

Devo **a você**, Maria, o que sou.

c) demonstrativos:

Não compareci **a esta** reunião porque estava cansada.

A isso eu chamaria de ignorância.

Não ligue **a essas** coisas, bobinho.

d) indefinidos:

Não devo nada **a ninguém**.

Quando pequenino, meu sobrinho falava **a qualquer** pessoa.

e) relativos:

Você é a mulher **a quem** eu procurei a vida toda.

Ela usa um perfume **a cuja** exalação ninguém resiste.

f) interrogativos:

A qual parte do meu livro a senhora se refere de forma tão displicente?

6. Antes do artigo indefinido **uma**:

O desemprego leva o trabalhador **a uma** situação de desespero.

7. Antes de nomes de cidades:

Eles pretendem ir **a Fortaleza**?

Todos os fins de semana costumo ir **a Santos**.

Obs.: Porém, se o nome da cidade vier determinado, haverá crase:

Eles pretendem ir **à ensolarada** Fortaleza?

Todos os fins de semana costumo ir à Santos **das praias imundas**.

8. Antes de expressões femininas que indicam instrumento ou meio:

O trombadinha foi morto **a bala**.

Minha escola sofreu um atentado **a bomba**.

9. Antes da palavra **casa**, quando tiver sentido de **residência, lar**:

Voltou a casa e ficou esperando a sogra.

Obs.: Porém, se a palavra **casa** vier **com modificador**, haverá crase:

Costumava ir à casa **de vovó** todos os domingos.

10. Antes da palavra **terra**, usada no sentido de "chão firme":

Depois de duas noites no mar, os filhos dos marinheiros voltaram a terra para descansar.

Obs.: Porém, se a palavra **terra** indicar "região, local, pátria", ou vier com modificador, haverá crase:

Os meus pais voltaram **à terra** onde nasceram.

Depois de tantos dias, chegamos à terra **abençoada**.

11. Antes de **Nossa Senhora** e de nomes de santos:

> Entrego **a Nossa Senhora** este meu sacrifício.
> Fez uma promessa **a Santa Terezinha.**

12. Antes de nome próprio de pessoas célebres:

> O historiador fez alusão **a Joana d'Arc.**
> Ontem a professora se referiu **a Maria Antonieta.**

13. Antes de numerais:

> O número de reprovados nesta classe não chega **a trinta.**
> A promoção será realizada de 15 **a 20** de abril.

Obs.: Porém, haverá crase se o numeral estiver precedido de artigo:

> A diretora entregou as medalhas **às três** alunas vencedoras do concurso de poesia.
> Assisti **às duas** aulas que houve ontem.

14. Antes da palavra **distância**, quando houver indeterminação:

> Os meninos observavam os animais **a distância.**

Obs.: Porém, haverá crase se a palavra **distância** vier determinada:

> Os animais observavam os meninos à distância **de cento e dois metros.**

Nota: Mesmo que a palavra **distância** venha com algum modificador, não haverá crase:

> Avistei Roberto Carlos **a longa (pouca, certa, respeitável, boa)** distância.

15. Antes de nomes de parentesco, precedidos de pronome possessivo:

> Perguntar não ofende: você obedece **a sua sogra**?
>
> Nunca me referi assim **a tua mãe** nem **a tua irmã**, muito menos **a tua esposa**.
>
> "Arrependi-me de ter falado **a minha prima**."
>
> (G.Ramos)
>
> "Nunca saio satisfeito das visitas que faço **a minha mãe**."
>
> (A . Olavo Pereira)

16. Depois de preposição:

> Estou aqui **desde as** sete horas esperando ser atendido.
>
> "Não há criação nem morte **perante a** poesia."
>
> (Carlos Drummond de Andrade)

CASOS EM QUE OCORRE A CRASE

1. Antes dos pronomes **senhora, senhorita** e **dona:**

   Levou bombons de chocolate **à senhora** Prudência.

   Tibó dirigiu-se **à senhorita** com timidez.

   Dedicou seus melhores versos **à dona** Lana.

2. Antes da indicação do número de horas, mesmo que a palavra **hora** não apareça na frase:

   O professor chegou **às nove horas** e **às dez** iniciou a aula.

   A festa começou **à zero hora**, e não **à uma hora**.

         (**uma,** aqui, é **numeral**)

3. Nas expressões femininas (locuções adverbiais) indicativas de tempo, modo, lugar:

Às vezes Sandra vem até aqui, mas volta **às pressas à aula.**

↑   ↑   ↑

loc.adv.   loc.adv loc.adv.

tempo   modo   lugar

4. Nas locuções prepositivas (à + palavra feminina + de):
(à vista de, à espera de, à beira de, à mercê de, à custa de, à frente de)

> A vítima ficou **à espera de** socorro por duas horas.
>
> Falido, estava **à beira do** suicídio.

5. Nas locuções conjuntivas (à + palavra feminina + que):

> **À proporção que** o professor falava, as dúvidas dos alunos iam aumentando.
>
> Nossos sonhos se desfazem, **à medida que** crescemos.

6. Quando ocorre ou está subentendida a palavra **moda**:

> Morto de fome e vestido **à moda baiana**, comeu um tutu à mineira, um virado à paulista e um bife à milanesa, mas dispensou o arroz à grega.

7. Com as expressões **à moda de, à maneira de, à semelhança de,** mesmo que as palavras **moda** e **maneira** venham subentendidas:

> Riobaldo escreve à Machado de Assis, embora use cabelos à Chitãozinho e Xororó.
>
> Aquele velho mestre tinha um sorriso à Sílvio Santos e se vestia à 1920.

8. Antes dos pronomes demonstrativos **aquele(s), aquela(s), aquilo**, desde que o verbo exija preposição:

"**Àquele** velho mestre devo tudo o que não sei."

(M.S.Brito)

O professor permanecia indiferente **àquela** zona na classe.

Àquilo que você chama modismo lingüístico, eu chamo erro de português.

9. Quando o segundo **a** for pronome demonstrativo **a** ou **as**:

Suas piadas são iguais a as que seu irmão conta.

↑ ↖

prep. pron.demonstrativo
(= aquelas)

Suas piadas são iguais **às** que seu irmão conta.

10. Antes dos pronomes relativos **a qual, as quais** se o masculino correspondente for **ao qual, aos quais**:

Esta é a **bacanal à qual** me referi.

(Este é o **baile ao qual** me referi.)

E estas são as **meninas às quais** me refiro.

(E estes são os **meninos aos quais** me refiro.)

11. Antes dos nomes de localidades, quando tais nomes admitem o artigo **a**:

Viajaremos **à Colômbia** e **à Holanda**.

CASOS FACULTATIVOS

O emprego da crase é facultativo, isto é, você pode ou não usar indiferentemente:

1. Antes de pronomes possessivos femininos:

Referiram-se de modo desrespeitoso **à (a) nossa** secretária.

Soube que deram um lindo presente **à (a) sua** professora.

2. Antes de nomes próprios de pessoa femininos:

Dei **à (a) Linda Célia** o que ela mais desejava: um ursinho de pelúcia.

Disseram **à (a) Raimunda** o que ela precisava ouvir há muito tempo.

Obs.: Porém, haverá crase se o nome vier especificado:

Constantemente fazia excitantes referências **à** Clara Luísa **da outra série**.

3. Com a preposição **até**:

Levaram o desentendimento **até às (as)** últimas conseqüências.

Vamos praticar?

O seguinte exercício explora habilmente o conceito de crase e sua ocorrência. Aquele que confunde crase com acento grave, dança na alternativa:

1. (UFJF-MG) Em "........ os estrangeirismos passaram **às** lanchonetes", o acento em **às** denomina-se .... e, nessa frase, é ....

   a) acento grave – obrigatório

   b) acento agudo – facultativo

   c) crase – obrigatório

   d) acento grave – facultativo

   e) crase – facultativo

2. Justifique a ocorrência da crase abaixo:
   (Dica: em que situação a crase pode ocorrer?)

   – Pois é prôfi, fiquei doente uma semana. Eis aqui o atestado!!

   – Vejo que não foi nada grave!

   – É, professora, grave mesmo é vir à escola.

3. Os três exercícios seguintes exploram a função do **a**:

   a) (FMPA-MG) Em "estivera aí **a** trabalhar durante **a** noite, até que se extinguira **a** vela" as palavras grifadas se classificam respectivamente como:

a) artigo, artigo, preposição

b) preposição, artigo, artigo

c) preposição, artigo, pronome oblíquo

d) preposição, pronome oblíquo, artigo

e) pronome oblíquo, artigo, preposição

b) (UFU-MG) "…….. foram intimados **a** comparecer ………."/ "………….. não **a** fizeram ………."/ "………….. **a** sua oração …………….".

As três ocorrências de **a** são, respectivamente:

a) preposição, pronome, preposição

b) artigo, artigo, preposição

c) pronome, artigo, preposição

d) preposição, pronome, artigo

e) artigo, pronome, pronome

c) (UEPG-PR) "A cigarra começa a cantar assim que a primavera a desperta."

Nas suas quatro ocorrências no período acima, a palavra **a** classifica-se, respectivamente, como:

a) artigo, preposição, artigo, pronome

b) artigo, pronome, preposição, pronome

c) pronome, artigo, pronome, artigo

d) artigo, pronome, preposição, artigo

e) artigo, preposição, pronome, artigo

4. Às vezes você é chamado a justificar o emprego do sinal indicativo de crase. Como agir? Só mesmo conhecendo o assunto. A propósito, você já não o conhece?

a) (PUC-SP) Explique o uso do sinal de crase em:

"São estátuas em vôo / à beira de um mar"
(João Cabral de M. Neto)

b) (Vunesp-SP) Explique o uso da crase em:

   a) "Injusto seria dizer àquele menino perto de 12 anos..."

   b) "... (eles) jamais deixarão de retornar à condição de origem..."

c) (FAAP-SP) Justifique a presença do acento grave em: "À tardinha, Azevedo(...)". Justifique a ausência do acento grave em: "Casimiro Lopes andava a consertar(...)".

d) (Fuvest-SP) No texto a seguir, apenas um **a** deve receber o acento da crase. Transcreva o segmento em que ele aparece e justifique a crase:

"Dirigiu-se a ela a passos lentos e disse: estou disposto a contar tudo a senhora; mas não tenho coragem de falar a Mário sobre o ocorrido."

e) (FAAP-SP) Leia o período abaixo e acentue, quando necessário, o **a**, de acordo com as normas que regem o emprego da crase. Justifique sua resposta.

"Os guerreiros estavam dispostos **a** eleger Zumbi como o Senhor da força militar. Frente **a** frente, garantindo **a** vitória **a** todos, instauraram o primeiro governo livre nas terras americanas."

5. Nos exercícios seguintes você vai completar os espaços com **a, à** ou **as, às**:

1. "Uma teoria que não possa ser explicada _____ uma garçonete não merece ser levada _____ sério."

(Ernest Rutherford, físico neozelandês)

2. "Todos temos uma missão _____ cumprir, mesmo que seja apenas sustentar sua família e não perder o emprego."

(Ted Turner, dono da CNN)

3. "É melhor estar calado e passar por tolo do que falar e desfazer _____ dúvida."

(A . Lincoln)

4. "A verdade é que, no Brasil, a honestidade está _____ um passo da imbecilidade."

(Jésus Rocha)

5. "...recorreu ao tradicional corpo _____ corpo com os funcionários e passou _____ apertar _____ mão das costureiras, uma _____ uma."

(*Folha de S.Paulo*)

6. "_____ vezes me dá _____ louca de descer até o Parque Dom Pedro II e tocar _____ campainha do gabinete do prefeito."

(Lourenço Diaféria)

7. "Se um canibal aprender _____ usar o garfo, isso é considerado progresso?"

(Stanislaw J. Lec)

8. "Não dá sequer para analisar _____ sério esse tipo de coisa. Assistir _____ uma novela é consentir no emburrecimento; o que pode ser até agradável em doses moderadas."

(Marcelo Coelho)

9. "O pessimismo não leva _____ lugar nenhum."

(Jésus Rocha)

10. "Na vida, o olhar da opinião, o contraste dos interesses, _____ luta das cobiças obrigam _____ gente _____ calar os trapos velhos, _____ disfarçar os rasgões e os remendos, _____ não estender ao mundo _____ revelações que faz _____ consciência; e o melhor da obrigação é quando, _____ força de embaçar os outros, embaça-se

um homem _____ si mesmo, porque em tal caso poupa-se o vexame, que é uma sensação penosa, e _____ hipocrisia, que é um vício hediondo."

(MACHADO DE ASSIS, *Memórias Póstumas de Brás Cubas*)

11. "Na minha vida, tudo que planejei foi por acaso. _____ vezes acaso _____ vista, _____ vezes acaso _____ prazo."

(JÉSUS ROCHA)

12. "As aparências, por enquanto, são de que somos entregues, como carneiros, _____ uma alcatéia de lobos."

(FLORESTAN FERNANDES)

13. "Então recorri _____ minha mãe, e induzi-a _____ desviar alguma coisa, que me dava _____ escondidas."

(MACHADO DE ASSIS, *Memórias Póstumas de Brás Cubas*)

14. "E foi obedecendo _____ essa ordem de idéias que comprou aquele sítio, cujo nome – Sossego – cabia tão bem _____ nova vida que adotara(...)"

(LIMA BARRETO, *Triste Fim de Policarpo Quaresma*)

15. "Se todos sabem que sou um enganador, _____ quem estou enganando?"

(JÉSUS ROCHA)

16. "Ajudou-me _____ suportar aqueles dois anos de internato, _____ fazer mais leve _____ minha prisão, minha primeira prisão."

(Jorge Amado)

17. "Qual é _____ mulher bonita que não sorri _____ um elogio espontâneo e _____ um grito ingênuo de admiração? Se não sorri nos lábios sorri no coração."

(José de Alencar, *Lucíola*)

18. "Em outras circunstâncias(...) talvez que Padre Antônio de Morais viesse _____ ser um santo, no sentido puramente católico da palavra, talvez que viesse _____ realizar _____ aspiração da sua mocidade..."

(H. Inglês de Souza)

19. "Meu pai ganhava _____ vida _____ pé, com o suor no rosto e calos nos pés."

(Lourenço Diaféria)

20. "... no livro da vida não se volta, quando se quer, _____ página já lida, para melhor entendê-la; nem pode-se fazer _____ pausa necessária _____ reflexão. Os acontecimentos nos tomam e nos arrebatam _____ vezes tão rapidamente que nem deixam volver um olhar ao caminho percorrido."

(José de Alencar, *Lucíola*)

21. "Quando temos apenas dezoito _____ vinte anos sobre os ombros, o que é um peso ainda muito leve, desprezamos o passado, rimo-nos do presente, e entregamo-nos descuidados _____ essa confiança cega no dia de amanhã, que é o melhor apanágio da mocidade."

(MANUEL ANTÔNIO DE ALMEIDA, *Memórias de um Sargento de Milícias*)

22. "Almas como _____ de Lúcia, Deus não _____ dá duas vezes _____ mesma família, nem _____ cria aos pares, mas isoladas como os grandes astros destinados _____ esclarecer uma esfera."

(JOSÉ DE ALENCAR, *Lucíola*)

23. "Rebelião é _____ linguagem daqueles _____ quem ninguém ouve."

(MARTIM LUTHER KING)

24. "– Meus senhores, _____ ciência é coisa séria, e merece ser tratada com seriedade. Não dou razão dos meus atos de alienista _____ ninguém, salvo aos mestres e _____ Deus. (...)mas, se exigir que negue _____ mim mesmo, não ganhareis nada. Poderia convidar alguns de vós em comissão dos outros _____ vir ver comigo os loucos reclusos; mas não o faço, porque seria dar-vos razão do meu sistema, o que não farei _____ leigos nem _____ rebeldes."

(MACHADO DE ASSIS, *O Alienista*)

25. "A confusão começou quando fomos _____ uma loja especializada em roupas para futuras mães..."

(MARISA RAJA GABAGLIA)

26. "É sempre assim que sucede: quereis que nos liguemos estreitamente _____ uma coisa? Fazei-nos sofrer por ela."

(MANUEL ANTÔNIO DE ALMEIDA, *Memórias de um Sargento de Milícias*)

27. "Nos livros aprendi _____ fugir ao mal sem o experimentar."

(CAMILO C. BRANCO)

28. "A ferocidade é o grotesco _____ sério."

(MACHADO DE ASSIS, *O Alienista*)

6. Nas manchetes a seguir você vai completar os espaços com **a, à,** ou **as, às**:

1. "Operário é ferido _____ bala dentro de bar"

(*Diário do Grande ABC*)

2. "Anúncio enganoso de carro leva vendedor _____ delegacia"

(*Diário Popular*)

3. "Metalúrgico pára Anchieta e pode ir _____ greve"

(*Diário do Grande ABC*)

4. "Mostra de teatro traz peça infantil _____ Mauá"
   (*Folha de S.Paulo*)

5. "Chuva volta _____ castigar _____ cidade"
   (*FT*)

6. "Doações de alimentos já chegam _____ 200 toneladas"
   (*Folha de S.Paulo*)

7. "Guia ensina por que não ir _____ Europa"
   (*Diário do Grande ABC*)

8. "Município proporciona ensino _____ deficientes"
   (*Tribuna do ABC*)

9. "Artista plástica reage _____ assalto e salva _____ bolsa"
   (*Diário Popular*)

10. "Mais de 2 mil metalúrgicos aderem _____ paralisação"
    (*Diário do Grande ABC*)

11. "Apae comemora _____ semana da criança"
    (*Diário Popular*)

12. "Viatura atacada _____ bomba"
    (*Diário Popular*)

13. "Romaria de carros-de-boi vai _____ Aparecida"
(*Diário Popular*)

14. "Vendas _____ prazo devem crescer"
(*FT*)

15. "Mais de 400 soldados voltam _____ impedir _____ abertura de feira"
(*FT*)

16. "Liminar garante _____ alunos redução da mensalidade"
(*Diário Popular*)

17. "Imprensa não dá sossego _____ princesa"
(*Diário Popular*)

18. "Proposta de 8,2% da Fenaban pode levar bancários _____ greve"
(*FT*)

19. "Unimep derrota _____ Ponte outra vez e fica _____ uma vitória do título paulista"
(*FT*)

20. "Dois meninos de rua são mortos _____ facadas"
(*Folha de S.Paulo*)

21. "Chuva traz _____ Manaus risco de desabamento"
(*Folha de S.Paulo*)

22. "Ponte que liga Santo Sandré _____ São Paulo está interditada"

(*Folha de S.Paulo*)

23. "Brasileiro vai _____ Oceania _____ procura de tubarões"

(*Folha de S.Paulo*)

PALAVRAS FINAIS

Se você, após ter lido atentamente a explanação e resolvido os exercícios, ainda se vir em meio a dúvidas, perguntando por que determinado **a tem crase**, ou por que deixa de ter, não pense que se encontra no patamar das criaturas mais desinfelizes do planeta; também não pense em se enforcar no chuveiro, incinerar este livro ou mandar o autor às favas (ou aquela palavra no singular que você pensou) simplesmente porque não conseguiu assimilar a exposição teórica. Se serve de consolo, o autor considera este assunto mais digerível que física nuclear. Ao menos haverá de concordar, caro amigo.

Além do mais, nunca afirmamos, ao longo do livro, que o assunto estivesse na prateleira das mais acessíveis na estante da gramática; ao contrário, alertamos para a sua gama de regras e exceções, que deixam muitas pessoas, como você viu no início da lição, de cabelos em pé.

Pensando assim, é necessário treinar, fazer bastantes exercícios, ler muito, a fim de que a parte teórica lhe seja mais familiar e lhe proporcione maior apreensão. Nesse sentido, estas palavras finais trazem especialmente a você alguns "macetes" para a compreensão, ainda que parcial, do assunto. Não iniciamos a aula com eles por julgarmos um recurso superficial, ainda que eficaz, que reduziria a crase a um assunto de importância secundária, principalmente em face do grau de dificuldade que desfruta junto à nossa sociedade letrada.

A você, então, estas palavras finais, para que possa, com segurança, saber por que determinado **a** deve ou não **ter acento grave**. Sabendo distinguir o fenômeno da crase do acento grave, sem dúvida já constitui um imenso passo.

O segredo de usar o sinal indicativo de crase implica saber, com segurança, quando é que a preposição **a** coincide com outro **a** para fundi-los em um único **à**. Para tanto, é de grande utilidade que se saiba que:

A crase só pode ocorrer antes de palavras femininas, porque só antes de palavras femininas é que pode existir o artigo **a** (**as**). Para saber se ocorre ou não crase, troque a palavra feminina por uma masculina equivalente, ou seja, da mesma classe gramatical; se, antes da palavra masculina, aparecer **ao(s)**, isso indica que se deve usar o sinal indicativo de crase antes da palavra feminina. Se, antes da palavra masculina, aparecer **a(s)** ou **o(s)**, isso indica que não se deve usar o sinal indicativo de crase antes da palavra feminina.

Esquematizando:

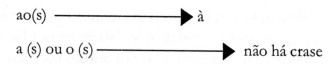

Exemplificando:

1. Refiro-me **a professora** de História.

O **a** receberá o acento indicativo de crase? Houve a fusão da preposição **a** com o artigo definido feminino **a**?

Aplicando a regra e substituindo a palavra feminina (substantivo) por uma masculina equivalente (por outro substantivo), teremos:

Refiro-me **ao professor** de História.

Conclusão: A presença de **ao** antes do masculino **professor** indica, seguramente, a existência de **a** (preposição) + o **a** (artigo), antes do feminino **professora**.

Sem dúvida:

Refiro-me **à professora** de História.

2. Posso escrever **a caneta**?

Há acento indicativo de crase? Aplicando a regra, teremos:

Posso escrever **a lápis**?

Conclusão: O **a** é preposição e como diante de palavra masculina o artigo feminino não aparece, não há crase.

Portanto:

Posso escrever **a caneta**?

3. Meu amigo comprou **a casa**.

Aplicando a regra:

Meu amigo comprou **o carro**.

Portanto:

Não há crase.

Agora, resolva os seguintes exercícios aplicando a regra prática:

1. Costumo ir a missa todo domingo. Tal atitude é idêntica a que todos têm?

2. Os cantores americanos visitaram ontem a cidade.

3. Por que se referem a ela assim de forma tão maledicente?

4. Papai tem um carro a gasolina comprado a prestação.

5. Estavam junto a porta quando o meliante foi morto a bala.

6. Quando bebe, Zezinho costuma fazer ameaças a algumas pessoas da família.

7. Ela conhece as cidades a que você irá?

8. Vou fazer a prova a tinta.

9. Não me refiro as cenas eróticas da novela, mas as pernas da atriz.

10. Tina é candidata a rainha da pipoca de nossa escola.

11. Aquela é a pensão a qual me dirijo toda noite.

12. O fogão da vovó é a lenha.

13. As filhas fazem elogios as mães? E ninguém critica a atitude delas?

14. Esta casa é igual a que você comprou ontem.

15. Os noivos ficavam mais felizes a proporção que os convidados iam embora.

16. Amanhã assistiremos a uma importante aula; ela terá início as dez horas em ponto.

17. Trancaram a sala a chave. E estas são as alunas as quais me refiro.

18. O clube privê ficava a esquerda do hospital, próximo a casa que é igual a de papai.

19. A aula a que eu assisti ontem era semelhante a história da carochinha. E o professor era metido a besta.

20. A felicidade a que os professores aspiram está muito distante...

Ficou mais claro agora?

Deus o abençoe.

Terceira Aula: Emprego De Há / A

> "Amo-te, ó rude e doloroso idioma"
> (Olavo Bilac)

Você sabe quando se deve usar **a** ou **há**?

Também é um assunto que traz dúvidas. Os jornais que o digam:

"... e que residem no DF (Distrito Federal) **a** pelo menos cinco anos."

(Folha de S.Paulo)

"**Há** apenas 30 dias das eleições..."

(Diário do Grande ABC)

"**A** 17 anos alimentando os trabalhadores do Brasil."
(de um anúncio publicitário veiculado no
Diário do Grande ABC)

"José (...) reside em Mauá **à** 22 anos na Vila ..."
(de uma propaganda política, eleições outubro/1994)

"... sugerindo que ele se candidate daqui **há** dois anos."
(*Diário Popular*)

"O secretário (...) vem **a** quase dois anos comandando imenso volume de obras..."
(*Jornal da Cidade*)

"Se Ciro (Gomes) não tivesse sido previamente submetido a esse teste público muito provavelmente ter-se-ia, daqui **há** quatro anos, mais um despirocado na Presidência da República."
(Luís Nassif, *Folha de S.Paulo*)

"**Há** poucos dias do vestibular o desgaste físico e mental (...) é muito grande."
(*Jornal da Cidade*)

"... é o caso de uma pessoa que conhecemos **à** muitos anos..."
(*A Voz de Mauá*)

Para evitá-las, não deixe de ler o que segue.

DIFERENÇA ENTRE A E HÁ

Usamos A:

1. Quando indica um tempo que ainda não transcorreu (idéia de tempo futuro):

   Daqui **a** pouco vamos corrigir os exercícios.
   Vou viajar daqui **a** três meses.

2. Quando expressar a idéia de distância:

   A PUC fica **a** poucos metros daqui.
   Mergulhava **a** quatro metros de profundidade.

3. Na expressão **a tempo**, quando significa **em tempo**:

   Não chegaremos **a** tempo de assistir à aula de Biologia.

Usamos HÁ:

Quando indica um tempo que já transcorreu (idéia de tempo passado). Nesse caso, podemos substituir o verbo **haver** pelo verbo **fazer**:

   Ele está desempregado **há** cinco semanas. (faz)
   O serviço está parado **há** um ano na sua mesa. (faz)

Pratique um pouco, usando **a** ou **há**:

1. _____ vinte metros daqui existe uma padaria e _____ três ruas daqui, uma locadora de vídeo.

2. O desastre ocorreu _____ 200 metros daqui; passei por lá _____ alguns dias.

3. Mamãe deixou-nos _____ cinco dias e voltará daqui _____ uma semana.

4. _____ muito tempo, existia uma floresta _____ cem metros da minha casa.

5. Com o carro desse jeito, não chegaremos _____ tempo de assistir à aula que começará daqui _____ 30 minutos.

6. "O empate saiu só _____ três minutos do final do jogo."

(*FT*)

7. "O pior que pode acontecer daqui _____ algum tempo é acontecer o pior."

(Jésus Rocha)

8. "Mulher demitida _____ oito meses procura por seu FGTS"

(*FT*)

9. "Fiscalização libera asilo interditado _____ três meses"

(*Diário Popular*)

10. "Bem, você está _____ meia hora no ponto do ônibus, o diabo do ônibus não aparece."

(Lourenço Diaféria)

11. "Foi modelo e não nos víamos _____ quase 20 anos."

(Marisa Raja Gabaglia)

12. "Só não vai dar é para trocar daqui _____ seis meses."

(*Idem* supra)

13. " Obras do Metrô estão paradas _____ mais de dois anos"

(*Folha de S.Paulo*)

14. _____ vários dias não passa o carteiro; a agência fica _____ dois passos daqui.

15. Vi _____ pouco minha vizinha, _____ poucos minutos vi o menino passar, daqui _____ pouco receberemos visitas.

16. Existem muitos livros de poesia _____ alguns passos da porta de entrada; estávamos, mais ou menos, _____ trezentos metros dali.

17. _____ instantes li sobre ecologia; _____ dois quarteirões existe um grande bosque.

18. (Unimep-SP) Assinale a alternativa em que não se deve usar HÁ:

   a) Moro _____ quilômetros daqui.

   b) _____ dias encontrei Paulo em Santos.

   c) Não vejo João _____ muito tempo.

   d) _____ coisas em que não acreditamos.

   e) Os alunos saíram _____ pouco.

19. (Fatec-SP) Indique o período em que a lacuna deve ser preenchida com **há**.

   a) Chegou _____ tempo de receber o prêmio.

   b) A nova sessão será iniciada daqui _____ duas horas.

   c) Você chegou tarde; as portas foram fechadas _____ dez minutos.

   d) _____ custa de muito esforço, obteve a promoção.

   e) Evidenciem-se os erros; assim _____ qualquer tempo poderão ser evitados.

20. (FCMSC-SP) Estamos _____ poucas horas da cidade _____ que vieram ter, _____ tempos, nossos avós.

a) a – a – há

b) há – a – a

c) há – à – há

d) à – a – a

e) a – à – há

21. "As águas não eram estas,

_____ um ano, _____ um mês, _____ um dia...

Nem as crianças, nem as flores,

nem o rosto dos amores...(...)

E a imagem da praça, agora,

que será, daqui _____ um ano,

_____ um mês, _____ um dia, _____ uma hora?..."

(CECÍLIA MEIRELES)

Última Aula: Revisão

> "As palavras aí estão, uma por uma:
> porém minha alma sabe mais."
>
> (Cecília Meireles)

As lacunas ficam preenchidas RESPECTIVAMENTE com:

1. **Há/A** ou a/à

   "_____ muito tempo eu não assistia _____ uma comédia tão séria."

   (Lourenço Diaféria)

2. **eu/mim, mim/eu** ou **ti/tu**

   Este é um problema para _____ resolver entre _____ e _____.

3. **eu/mim** ou **há/a**

   — "Obrigado; é muito forte para _____. Daqui _____ dez anos, não digo que não."

   (JOSÉ DE ALENCAR)

4. **a/à, a/à** ou **eu/mim**

   "Aprendi _____ ouvir sem interromper, _____ ter disciplina sobre _____ mesmo, o que é importante para um escritor."

   (JORGE AMADO)

5. **mim/eu** ou **eu/mim**

   Era para _____ ter encontrado com ele ontem, pois ele disse que emprestaria o livro para _____ ler.

6. **eu/mim** ou **eu/mim**

   Ela olha só para _____ porque entre ela e _____ existe muito amor.

7. **A/Há** ou **à/a**

   "_____ seis anos que ela me deixou; mas eu recebi _____ sua alma, que me acompanhará eternamente."

   (JOSÉ DE ALENCAR, *Lucíola*)

8. **à/a** ou **mim/eu**

   "Voltei (...) nos dias seguintes _____ sua casa, e achei sempre a porta fechada para _____."

   (JOSÉ DE ALENCAR, *Lucíola*)

9. **eu/mim, a/à, mim/eu ou mim/eu**

   Era para _____ aceitar o convite, mas não aceitei porque andar _____ cavalo é difícil para _____. Acho que foi bom para _____ tê-lo recusado.

10. **a/há, a/há ou à/a**

    Tibério viveu aqui _____ muitos anos, mas daqui _____ cinco dias ele voltará _____ terra natal.

Lição Para O Lar

"E creio mais, que é só do prazer que surge a disciplina e a vontade de aprender. É justamente quando o prazer está ausente que a ameaça se torna necessária."

(Rubem Alves)

> "

Em toda aula que se preze há aqueles exercícios que devem ser destinados como tarefas complementares a serem resolvidos em casa. (Pelo menos era assim em nosso tempo...). Por isso, este livro não poderia terminar se não lhe dedicássemos uns exercícios, para que possam ser resolvidos na comodidade de seu lar (ou onde você bem entender).

Estes exercícios, elaborados a partir de situações do dia-a-dia, servem para você checar como vai seu português e verificar se há necessidade de uma reciclagem gramatical. É só escolher a alternativa que achar correta e depois conferir as respostas e as respectivas justificativas na "Chave dos exercícios propostos", no final do livro.

Por que perder mais tempo?

— **Pô, mas que cara intransigente!**

Você costuma falar:

1.

   a) Não deu pra **mim** ir **na** escola ontem.

ou

   b) Não deu pra **eu** ir à escola ontem.

2.

   a) Joãozinho, **aonde** você pensa que vai?

ou

   b) Joãozinho, **onde** você pensa que vai?

3.

   a) No fundo, sinto **uma dó** enorme dos professores de Português.

ou

   b) No fundo, sinto **um dó** enorme dos professores de Português.

4.

   a) Entre **eu** e ela já está tudo acabado.

   ou

   b) Entre **mim** e ela já está tudo acabado.

5.

   a) Nossa, já **são** meio-dia e **meio**!

   ou

   b) Nossa, já **é** meio-dia e **meia**!

6.

   a) **Disseram-me** que as festas que ele promove não são **beneficentes**.

   ou

   b) **Me disseram** que as festas que ele promove não são **beneficientes**.

7.

   a) Desde pequeno, sou um **aficcionado** por Elvis Presley.

   ou

   b) Desde pequeno, sou um **aficionado** por Elvis Presley.

8.

a) Depois de uma viagem horrível de trem, finalmente **chegamos a** Santo André.

ou

b) Depois de uma viagem horrível de trem, finalmente **chegamos em** Santo André.

9.

a) Como ele não **obedeceu o** regulamento, tal atitude **implicou na** sua expulsão do campeonato.

ou

b) Como ele não **obedeceu ao** regulamento, tal atitude **implicou a** sua expulsão do campeonato.

10.

a) Descobri que o "alemão" **namora uma aluna** do terceiro ano.

ou

b) Descobri que o "alemão" **namora com uma aluna** do terceiro ano.

11.

a) Seu mau procedimento será resolvido **a nível** de diretoria.

ou

b) Seu mau procedimento será resolvido **em nível** de diretoria.

12.

a) **A meu ver** não se usa **apóstrofo** aí.

ou

b) **Ao meu ver** não se usa **apóstrofe** aí.

13.

a) Fiquei com **disenteria** após comer aquele **nhoque**.

ou

b) Fiquei com **desinteria** após comer aquele **inhoque**.

14.

a) Na aula de ontem **haviam menas** alunas que de costume.

ou

b) Na aula de ontem **havia menos** alunas que de costume.

15.

a) A noiva do meu irmão anda **meio** preocupada não sei por quê.

ou

b) A noiva do meu irmão anda **meia** preocupada não sei por quê.

16.

a) Se eu **ver** minha sogra em casa, receberei **prazeirosamente** a velha.

ou

b) Se eu **vir** minha sogra em casa, receberei **prazerosamente** a velha.

17.

a) Quando eu **vier** novamente aqui, direi se os negócios foram ou não **vultosos.**

ou

b) Quando eu **vir** aqui novamente, direi se os negócios foram ou não **vultuosos.**

18.

a) Hoje **faz** seis anos que estamos casados, querida.

ou

b) Hoje **fazem** seis anos que estamos casados, querida.

19.

a) O relatório afirma que **existiram** casos em que a polícia conseguiu prender os ladrões em **flagrante**.

ou

b) O relatório afirma que **existiu** casos em que a polícia conseguiu prender os ladrões em **fragrante**.

20.

a) **Vende-se** móveis usados.

ou

b) **Vendem-se** móveis usados.

21.

a) **Somos em** trinta em casa.

ou

b) **Somos** trinta em casa.

22.

a) Falando a verdade, **prefiro** Português **a** Matemática.

ou

b) Falando a verdade, **prefiro** Português **do que** Matemática.

23.

a) Nunca **me simpatizei com** o fato de você tomar **um chopes** e comer **um pastéis** todo sábado à tarde.

ou

b) Nunca **simpatizei com** o fato de você tomar **um chope** e comer **um pastel** todo sábado à tarde.

24.

a) Na prova, **houveram** erros que passaram **desapercebidos** pelo mestre.

ou

b) Na prova, **houve** erros que passaram **despercebidos** pelo mestre.

25.

a) Comprei **duzentas gramas** de **mortandela** e quatro **pãozinhos**.

ou

b) Comprei **duzentos gramas** de **mortadela** e quatro **pãezinhos**.

26.

a) Hoje **são** três de outubro. **A gente vai** votar outra vez.

ou

b) Hoje **é** três de outubro. **A gente vamos** votar outra vez.

27.

a) Escrevi este livro esperando que ele realmente **seje** útil.

ou

b) Escrevi este livro esperando que ele realmente **seja** útil.

28.

a) **Precisa-se** de professoras com experiência. Tratar **na** Rua da Felicidade, 69.

ou

b) **Precisam-se** de professoras com experiência. Tratar **à** Rua da Felicidade, 69.

29.

a) Como você não **assiste ao** jornal das oito, você não fica **a par** dos acontecimentos.

ou

b) Como você não **assiste o** jornal das oito, você não fica **ao par** dos acontecimentos.

30.

a) No banco, costumo fazer muitas horas **extras** (pronuncia-se "êstras"), porém nada recebo por isso.

ou

b) No banco, costumo fazer muitas horas **extras** (pronuncia-se "éstras"), porém nada recebo por isso.

31.

a) Conheço um cara que é viciado em **tóxico**. (pronuncia-se "tóksicu")

ou

b) Conheço um cara que é viciado em **tóxico**. (pronuncia-se "tóchicu")

32.

a) A escola onde meu irmão dá aula não **paga os** professores em dia.

ou

b) A escola onde meu irmão dá aula não **paga aos** professores em dia.

33.

a) Ela não quis **vim** de **tróleibus**, quis **vim de a pé**.

ou

b) Ela não quis **vir** de **trólebus**, quis **vir a pé**.

34.

a) Como nunca **sobressaí** em Português, não **respondi a** todas as perguntas da prova.

ou

b) Como nunca **me sobressaí** em Português, não **respondi** todas as perguntas da prova.

35.

a) Tiraram a roupa e começaram a se **degladiar** publicamente.

ou

b) Tiraram a roupa e começaram a se **digladiar** publicamente.

36.

a) O senhor pode me explicar o porquê desta **rúbrica** e deste **asterístico** aqui?

ou

b) O senhor pode me explicar o porquê desta **rubrica** e deste **asterisco** aqui?

37.

a) Ainda não **chegou** as fitas pornográficas que pedi.

ou

b) Ainda não **chegaram** as fitas pornográficas que pedi.

38.

a) A minha **estada** no hotel voou. Acho que trinta dias **foi muito pouco**.

ou

b) A minha **estadia** no hotel voou. Acho que trinta dias **foram muito pouco**.

39.

a) A velhinha sorriu e disse: muito **obrigada**, meus netinhos.

ou

b) A velhinha sorriu e disse: muito **obrigado**, meus netinhos.

40

a) Quando eu **pôr** a mão em você, não sei o que arrancarei primeiro.

ou

b) Quando eu **puser** a mão em você, não sei o que arrancarei primeiro.

41.

a) Eu sou um homem **previnido,** por isso eu **valo** por dois.

ou

b) Eu sou um homem **prevenido**, por isso eu **valho** por dois.

42.

a) Em julho **será incluído** na biblioteca circulante da escola os livros de crônicas do professor Sérgio.

ou

b) Em julho **serão incluídos** na biblioteca circulante da escola os livros de crônicas do professor Sérgio.

43.

a) Estou **quite** com o leão da Receita Federal.

ou

b) Estou **quites** com o leão da Receita Federal.

44.

a) Por acaso você nunca viu um **mendigo** mascando **um chiclete**?

ou

b) Por acaso você nunca viu um **mendingo** mascando **um chicletes**?

45.

a) Graças a Deus, **faltam** cinco testes para terminar esta lição.

ou

b) Graças a Deus, **falta** cinco testes para terminar esta lição.

46.

a) Saí **frustado** da palestra que fiz: não consegui **agradar o** público. Acho que **o pessoal não gostaram** de mim.

ou

b) Saí **frustrado** da palestra que fiz: não consegui **agradar ao** público. Acho que **o pessoal não gostou** de mim.

47.

a) Os erros cometidos contra o idioma estão **atingindo** níveis preocupantes. Devemos ficar sempre **alerta**!

ou

b) Os erros cometidos contra o idioma estão **atingindo a** níveis preocupantes. Devemos ficar sempre **alertas**!

48.

a) Apanharam de novo no jogo? A verdade é que vocês são mesmo uns **bunda-mole**!

ou

b) Apanharam de novo no jogo? A verdade é que vocês são mesmo uns **bundas-moles**!

49.

a) **Choveu bastante** bobagens na prova, que **deixou** o professor desanimado.

ou

b) **Choveram bastantes** bobagens na prova, que **deixaram** o professor desanimado.

50.

a) Ainda bem que Deus **perdoa aos** pecadores.

ou

b) Ainda bem que Deus **perdoa os** pecadores.

Com base no que acabou de ver, você vai, em relação ao texto abaixo:

a) reescrevê-lo, corrigindo os erros gramaticais e

b) justificar, pelo menos, **seis** dos erros apontados.

Hoje fazem exatamente três anos que eu namoro com a Camila, mas já faz muito tempo que eu me simpatizo com ela. Confesso que entre eu e a Camila nunca houveram razões para qualquer desentendimento, embora ela seje meia esquisita e tenha menas paciência que eu. Não importa; para mim comemorar, vou na "pizzaria" do Roberto e fazer uma conta vultuosa, pois, ao meu ver, o amor é lindo.

Leitura

"Da leitura provém alguma coisa sobre a qual não consigo ter poder. Eu poderia lhe dizer que esse é o limite que a mais onipresente das polícias não consegue em absoluto transpor."

(Calvino)

LEITURA

A Aula De Redação

Ao dar o sinal, o professor, de fisionomia grave, dirigiu-se ao labor de todas as noites. Impassível aos olhares das alunas nos corredores e principalmente às piscadas daquelas mais afáveis, diários na mão direita, caixinha com apagador na outra, avental azul, sapatos último tipo, calça apertada, entrou na sala sob a chuva de olhares daqueles que esperavam pela primeira aula.

Colocou os diários sobre a mesa. Pegou do apagador e começou a limpar a lousa dos rabiscos e desenhos. Só então se virou à classe e balbuciou boa-noite. O pessoal respondeu, observando o seu gesto de pôr a mão na virilha para arrumar qualquer coisa.

— Hoje vamos iniciar a nossa aula de redação. Trouxeram o livro?

— Sim, professor.

— Abram na página cinco.

— Por que não na primeira?

— Quer vir dar aula no meu lugar?

— Não senhor.

— Leiam a parte teórica e resolvam os exercícios propostos.

— O senhor não vai explicar?

— Se querem moleza, amanhã trarei geléia pra todo mundo.

— Mas...

— Alguma dúvida?

— Não, professor.

— Amanhã faremos os exercícios práticos.

— O senhor não vai corrigir os outros?

— São tão fáceis que até minha sobrinha resolve de olhos fechados.

— Ela também faz Secretariado?

— Está no último ano de Letras na USP.

— Mas professor...

— Semana que vem faremos uma pequena avaliação. Anotem o dia.

— Mas não teremos tempo pra estudar.

— Azar de vocês.

— Pô, professor, o senhor não foi aluno?

— Fui. E no meu tempo não havia essa moleza que vocês têm agora.

— Os tempos mudaram.

— E a ignorância aumentou.

— Está chamando a gente de quê, professor?

— Então não amolem. Já terminaram?

— Mas não deu tempo.

— Se ao menos parassem de conversar.

— Mas professor...

— Ainda faltam vinte minutos. Dá para resolver muita coisa. Mãos à obra.

E começou a dar baixa em seus talões de cheque.

(SIMKA, Sérgio. *"Nada a Declarar"*. São Paulo: Editora do Escritor, 1991. p. 31-32.)

Chave Dos Exercícios Propostos

"A ignorância crê tudo, porque de nada duvida."
(Marquês de Maricá)

Respostas dos exercícios da Primeira Aula: Emprego de Para Mim / Para Eu

1. eu
2. eu
3. eu
4. mim
5. eu
6. mim
7. mim
8. eu
9. eu
10. mim
11. eu – mim
12. eu
13. eu
14. mim
15. mim
16. eu
17. mim – eu

18. eu
19. eu
20. mim
21. eu
22. mim
23. eu – eu
24. eu – eu – mim
25. eu
26. eu
27. eu
28. eu
29. mim
30. eu
31. mim
32. mim
33. eu
34. eu
35. mim
36. eu
37. eu
38. eu
39. mim

40. mim

41. eu

42. mim

43. mim

44. eu

45. mim

46. mim

47. mim

48. eu

49. mim

50. mim

51. mim

52. eu

53. eu

54. eu – mim

55. mim

56. mim

57. eu – eu

58. mim

59. eu

60. mim

61. mim

62. mim
63. mim
64. eu
65. mim – mim
66. mim
67. mim
68. mim
69. mim – mim
70. b
71. eu – mim
72. d
73. b
74. b
75. e
76. c
77. c
78. a
79. b
80. b
81. e
82. b
83. e

84. c

85. e

86. a

87. d

88. e (por que = por qual)

89. c

90. e

91. d

92. b

93. d

94. b

Respostas dos exercícios da Segunda Aula: Crase

1. a

2. É só aplicar a regra geral: o verbo **vir** exige preposição **a** e o substantivo feminino **escola** pede artigo definido feminino **a**.

3.
   a) b
   b) d
   c) a

4.

a) O acento indicativo de crase é obrigatório nas locuções prepositivas (à beira de).

b) a) "Dizer" exige a preposição **a**, que se junta ao **a** inicial de "aquele" (a + aquele = àquele).

b) "Retornar" exige a preposição **a** e a palavra "condição" exige o artigo **a** (a + a = à).

c) "à tardinha": locução adverbial de tempo; "a consertar": antes de verbo o acento indicativo de crase é proibido.

d) "contar tudo à senhora": a crase ocorre porque há fusão da preposição **a**, exigida pelo verbo **contar**, mais o artigo feminino **a**, que precede o pronome **senhora**.

e) Não há acento indicativo de crase em nenhum **a**, pois o primeiro **a** vem antes de verbo; o segundo **a** forma palavras repetidas; o terceiro **a** é artigo; o quarto **a** precede pronome indefinido.

5.

1. a – a

2. a

3. a

4. a

5. a – a – a – a

6. Às – a - a

7. a

8. a – a

9. a

10. a – a – a – a – a – as – à – à – a – a

11. Às – à – às – a

12. a

13. a – a – às

14. a – à

15. a

16. a – a – a

17. a – a – a

18. a – a – a

19. a – a

20. à – a – à – às

21. a – a

22. as – as – à – as – a

23. a – a

24. a (em todos os espaços)

25. a

26. a

27. a

28. a

6.
1. a
2. à
3. à
4. a
5. a – a
6. a
7. à
8. a
9. a – a
10. à
11. a
12. a
13. a
14. a
15. a – a
16. a
17. à
18. à
19. a – a
20. a
21. a

22. a

23. à – à

Respostas dos exercícios das Palavras Finais

1. Costumo ir **à missa** todo domingo. Tal **atitude** é idêntica **à** que todos têm?

Trocando por palavras masculinas, temos:

Costumo ir **ao shopping** todo domingo. Tal **comportamento** é idêntico **ao** que todos têm?

(e assim sucessivamente)

2. ... a cidade
   ... o campo

3. ... a ela
   ... a ele

4. ... a gasolina ... a prestação
   ... a álcool ... a prazo

5. ... junto à porta ... a bala
   ... junto ao portão ... a tiro

6. ... a algumas pessoas
   ... a alguns componentes

7. ... as cidades a que
   ... os lugares a que

8. ... a prova a tinta
   ... o texto a lápis

9. ... às cenas   ... às pernas
   ... aos acontecimentos   ... aos membros/ aos pés

10. ... a rainha
    ... a rei

11. Aquela é a pensão à qual...
    Aquele é o bar ao qual...

12. ... a lenha
    ... a gás

13. ... às mães   ... a atitude
    ... aos pais   ... o procedimento

14. esta casa é igual à que...
    este carro é igual ao que...

15. ... à proporção que
    ... ao passo que

16. ... a uma importante aula   ... ela terá início às dez horas
    ... a um importante simpósio   ... ele terá início ao meio-dia

17. ... a sala a chave. E estas são as alunas às quais...
    ... o quarto a cadeado. E estes são os alunos aos quais...

18. ... à esquerda do   ... próximo à casa que é igual à de...
    ... ao lado do   ... próximo ao apartamento que é igual ao de...

19. A aula a que...   ... semelhante à história...
    ... metido a besta.
    O filme a que...   ... semelhante ao conto...
    ... metido a burro.

20. A felicidade a que...
    O sucesso a que...

Respostas dos exercícios da Terceira Aula: Emprego de Há / A

1. A – a
2. a – há
3. há – a
4. Há – a

5. a - a

6. a

7. a

8. há

9. há

10. há

11. há

12. a

13. há

14. Há – a

15. há – há – a

16. a – a

17. Há – a

18. a

19. c

20. a

21. há – há – há
    a
    a – a – a

Respostas dos exercícios da Última Aula: Revisão

1. Há – a
2. eu – mim – ti
3. mim – a
4. a – a – mim
5. eu – eu
6. mim – mim
7. Há – a
8. à – mim
9. eu – a – mim – mim
10. há – a – à

Respostas e justificativas dos exercícios da Lição para O Lar

1. b

Como você viu, antes de verbos no infinitivo (forma nominal do verbo terminada em **r**, como por exemplo ir, fazer, comer, etc.) usamos o pronome pessoal reto **eu**.

O verbo **ir,** apesar de intransitivo, isto é de, não precisa de um complemento **de**, pois tem sentido completo, exige preposição **a** e não **em**, pois quem vai, vai **a** algum lugar.

Como você viu também, o acento grave (`) indica que houve a fusão de dois *ás* iguais (**a** do verbo ir + **a** do substantivo escola), resultando numa crase.

2. a

Aonde usa-se com verbos que indicam movimento (ir, vir, chegar, levar, etc.)

Onde usa-se com verbos estáticos, isto é, que não indicam movimento. Exemplos: **Onde** você está?
Ele vive **onde** não vive ninguém.

3. b

Dó (= compaixão, pena) é palavra masculina. Portanto, **um** dó, **tanto** dó, **muito** dó, **nenhum** dó. As pessoas usam **dó** por influência de **pena**, que é feminino.

4. b

Como você estudou, o pronome pessoal regido pela preposição **entre** deve ser empregado na forma oblíqua: **mim**.

5. b

Na indicação de horas, o verbo **ser** concorda com o numeral: **é** meio-dia, **são** três horas da tarde, **seriam** seis e meia da tarde.

Meio-dia e **meia**, pois subentende-se meia **hora**. Neste caso, **meia** é numeral, significando "metade". Leia também a justificativa do exercício nº 15.

6. a

Não se deve iniciar oração com pronome oblíquo átono, embora na linguagem popular seja regra.

Não existe a palavra **beneficiente**.

7. b

Também não existe a palavra **aficcionado**.

Aficionado é aquele que "cultiva alguma arte ou se dedica a algum esporte sem tê-los por ofício; amador." (LUFT)

Existe ainda **fissurado** que na gíria quer dizer "ansioso, ávido" (AURÉLIO):

Ele era **fissurado** por novas descobertas.

8. a

O verbo **chegar**, apesar de intransitivo, é usado com a preposição **a** e não **em**.

9. b

O verbo **obedecer** é transitivo indireto (verbo que necessita de um complemento regido de preposição), sempre com a preposição **a**.

Desobedecer segue essa mesma regência.

Implicar, no sentido de "acarretar", "provocar", é transitivo direto (verbo que necessita de um complemento sem preposição), sem preposição **em**. No sentido de "ter implicância", "brigar, discutir", é transitivo indireto, com a preposição **com**: Aquele velho implicava com todos os meninos da rua.

10. a

O verbo **namorar** é transitivo direto, sem preposição **com**, pois quem namora, namora alguém ou alguma coisa: Júlio **namora** Mélanie. O menino **namora** aquela bicicleta há séculos.

11. b

Prefere-se a forma **em nível** em frases "que indicam escala de valor"(N.GONDIM): O problema vai ser resolvido **em** nível federal. A reunião será **em** nível de diretoria, **em** nível profissional. O **a nível** é galicismo (palavra, locução ou construção afrancesada).

12. a

Não se usa o artigo definido nas expressões com pronome possessivo: **a meu ver, a meu modo.**

Apóstrofo, substantivo masculino, é sinal gráfico em forma de vírgula (,) usado para indicar supressão de letra.

Apóstrofe, substantivo feminino, é "interpelação direta e veemente do orador a pessoa(s) presente(s) ou ausente(s)." (LUFT)

Exemplo: "Deus! ó Deus! onde estás que não respondes?" (Castro Alves)

13. a

São incorretas as formas **desinteria** e **inhoque**.

14. b

Haver, no sentido de **existir**, é um verbo impessoal, ou seja, sem sujeito, por isso fica sempre na 3ª pessoa do singular. Não varia.

Menas não existe na língua portuguesa. **Menos**, por ser palavra invariável, não possui feminino.

15. a

Meio, quando é **numeral**, concorda com a palavra a que se refere: Tomei **meia** garrafa de cerveja. (meio = metade)

Quando **advérbio**, é invariável: A menina estava **meio** cansada.

(meio = um pouco)

16. b

O futuro do subjuntivo do verbo **ver** é: vir, vires, vir, virmos, virdes, virem (e não: ver, veres, etc.).

É incorreta a forma **prazeirozamente**.

17. a

O futuro do subjuntivo do verbo **vir** é: vier, vieres, vier, viermos, vierdes, vierem (e não: vir, vires, etc.).

Vultoso significa "grande, volumoso, de grande vulto, enorme".

Vultuoso significa "inchado, vermelho". Exemplo: Minha primeira namorada tinha lábios **vultuosos**.

18. a

O verbo **fazer**, usado na indicação de tempo, é impessoal, ficando na 3ª pessoa do singular. Não varia.

19. a

O verbo **existir** não é impessoal; portanto, concorda normalmente com o sujeito expresso na oração.

Flagrante significa "evidente, qualificativo do delito cujo autor é surpreendido na hora de praticá-lo". (LUFT)

Fragrante significa "perfumado, cheiroso".

20. b

É um exemplo de voz passiva sintética (ou pronominal).

Quando o verbo transitivo direto aparece com o pronome apassivador **se**, o verbo concorda normalmente com o sujeito (que, no caso, é **paciente**, isto é, ele recebe a ação verbal). No caso, **móveis usados** é o sujeito paciente do verbo vender.

21. b

Não se usa a preposição **em** entre os verbos **ser, estar** ou **ir** e **numeral**:

Estávamos seis no Fusca. **Fomos dez** ao jogo.

22. a

O verbo **preferir** é transitivo direto e indireto, usado com a preposição **a** e não com **do que**, pois quem prefere, prefere uma coisa **a** outra.

O adjetivo **preferível** também pede **a**, e não **do que**: É **preferível** ouvir **a** ser surdo.

23. b

O verbo **simpatizar** é transitivo indireto (simpatizar com), não se usa com pronome.

O mesmo ocorre com **antipatizar**.

A palavra **chopes** tem singular: **chope**. O singular de **pastéis** é **pastel**.

Quem diz tomar **um chopes**, pode muito bem comer **um pastéis**, que o efeito é o mesmo...

24. b

O verbo **haver**, no sentido de **acontecer**, é impessoal, devendo ficar na 3ª pessoa do singular. Não varia.

Despercebido quer dizer "não notado, que não foi percebido".

Desapercebido quer dizer "despreparado, desprevenido". Exemplo: Os candidatos estavam **desapercebidos** dos conhecimentos necessários para o teste.

25. b

Grama, quando designa medida de peso, é palavra masculina. Portanto, **trezentos** gramas, **quinhentos** gramas, etc.

Grama é palavra feminina quando se refere a certos vegetais conhecidos vulgarmente como capins...

É incorreta a forma **mortandela**.

O plural dos diminutivos terminados em **zinho** se faz da seguinte forma: passa-se o substantivo primitivo para o plural (pães), retira-se o **s** final (pãe) e acrescenta-se **zinhos** (pãezinhos).

26. a

Na indicação de datas, o verbo **ser** concorda com o numeral.

Gente, apesar de dar idéia de plural, é de número singular, devendo, portanto, o verbo ficar no singular.

O mesmo acontece com **pessoal** e **turma**.

27. b

O presente do subjuntivo do verbo **ser** é: seja, sejas, sejamos, sejais, sejam. Não existe a forma **seje**.

28. a

O verbo fica na 3ª pessoa do singular quando a indeterminação do sujeito é marcada pelo pronome **se** com verbo transitivo indireto.

Trata-se **em** algum lugar, e não **a** algum lugar.

29. a

O verbo **assistir**, quando significa "ser espectador", "ver", é transitivo indireto, exigindo a preposição **a**.

A par significa "ter conhecimento, estar bem informado".

Ao par significa "em igualdade (o preço de venda ou cotação) de um título de crédito e o seu valor nominal: O negócio foi feito **ao par** do câmbio do dia". (N.GONDIM)

30. a

O timbre da vogal é fechada: **êstra**.

31. a

O **x** tem valor de **ks**.

32. b

O verbo **pagar** é transitivo direto e indireto; o objeto direto indica **coisa** e o objeto indireto indica **pessoa**. Quem paga, paga **algo** (= objeto direto) a **alguém** (= objeto indireto). Portanto: **pagar** pede **a** quando o complemento é pessoa e sem **a**, quando o complemento é coisa.

33. b

Numa locução verbal (conjunto formado de dois verbos, no caso **quis vir**), o último verbo deve estar sempre no infinitivo. **Vim** é pretérito perfeito de **vir**.

A palavra é **trólebus**, com acento, embora o dicionário AURÉLIO traga a palavra sem acento.

Não se usam duas preposições em uma única locução adverbial (conjunto de duas ou mais palavras com valor de advérbio, iniciado por uma preposição), por isso basta dizer **a pé**.

34. a

Sobressair é transitivo indireto (sobressair em), não se usa com pronome.

Responder também é transitivo indireto (responder a), pedindo objeto indireto para indicar a quem ou ao que se responde: **Respondeu** ao seu irmão. **Responderam** às questões propostas.

35. b

A forma correta é **digladiar** (= lutar, brigar, discutir).

36. b

A palavra **rubrica** (= assinatura, firma abreviada) é paroxítona (rubríca), portanto, não se acentua.

A forma correta é **asterisco** (= sinal gráfico em forma de estrelinha).

37. b

O verbo concorda com o sujeito (no caso, **as fitas pornográficas**) em número (singular ou plural) e pessoa (as pessoas do discurso: 1ª, 2ª e 3ª), estando o sujeito antes ou depois do verbo.

38. a

Estada significa "permanência de pessoa".

Estadia significa "permanência de veículo".

Se o sujeito indicar **peso, medida, quantidade** e for seguido de palavras ou expressões como **pouco, muito, suficiente, bastante**, o verbo **ser** fica no singular. Exemplo: Trinta quilos **é muito** para eu carregar. Doze meses **é bastante** para você aprender esta lição.

39. a

Obrigado, por ser um adjetivo, concorda em gênero (masculino ou feminino) e número (singular ou plural) com o substantivo a que se refere:

A menina disse **obrigada**.   O menino disse **obrigado**.

Elas disseram **obrigadas**.   Os alunos disseram **obrigados**.

40. b

O futuro do subjuntivo do verbo **pôr** é: puser, puseres, puser, pusermos, puserdes, puserem.

41. b

A forma correta é **prevenido**.

O presente do indicativo do verbo **valer** é: valho, vales, vale, valemos, valeis, valem.

42. b

Na voz passiva analítica, o verbo concorda normalmente com o seu sujeito (no caso, **os livros de crônicas**).

43. a

Quite é adjetivo, concorda normalmente com a palavra a que se refere:

Estamos **quites** com as nossas obrigações.

44. a

A grafia correta é **mendigo**.

Chicletes tem singular: **chiclete**.

45. a

O verbo **faltar** concorda normalmente com o sujeito (no caso, **cinco testes**).

46. b

A grafia correta é **frustrado**.

Agradar é transitivo indireto (agradar a), com o sentido de "satisfazer", "causar agrado a".

Desagradar também segue essa regra.

Pessoal, apesar de dar idéia de plural, é de número singular, devendo, pois, o verbo ficar no singular.

47. a

Atingir é transitivo direto, portanto, sem preposição.

Alerta é advérbio, portanto, invariável.

48. b

No plural dos substantivos compostos, os dois elementos vão para o plural quando houver substantivo (= **bunda**) + adjetivo (= **mole**): **bundas-moles** (= fraco, covarde, sem coragem).

49. b

O verbo **chover** varia normalmente quando usado em sentido figurado.

Bastante, quando adjetivo (está modificando, no caso, a palavra **bobagens**), varia normalmente.

Deixaram, porque está se referindo a bastantes *bobagens*.

50. a

O verbo **perdoar** é transitivo direto e indireto; o objeto direto indica **coisa** e o objeto indireto indica **pessoa**. Quem perdoa, perdoa **algo** (= objeto direto) a **alguém** (= objeto indireto). Portanto: **perdoar** pede **a** quando o complemento é pessoa e sem **a**, quando o complemento é coisa.

Texto:

a) Hoje **faz** exatamente três anos que eu namoro **a** Camila, mas já faz muito tempo que eu **simpatizo** com ela. Confesso que entre **mim** e a Camila nunca **houve** razões para qualquer desentendimento, embora ela **seja meio** esquisita e tenha **menos** paciência que eu. Não importa; para **eu** comemorar, vou **à** "pizzaria" do Roberto e fazer uma conta **vultosa**, pois, **a** meu ver, o amor é lindo.

b) As justificativas foram dadas ao longo da lição.

BIBLIOGRAFIA

CEGGALA, D. P. **Novíssima gramática da língua portuguesa**. 35.ed. São Paulo: Nacional, 1992.

CUNHA, C. & CINTRA, L. **Nova gramática do português contemporâneo**. 2.ed. Rio de Janeiro: Nova Fronteira, 1985.

FARACO, C. E. & Moura, F. M. de. **Gramática**. 2.ed. São Paulo: Ática, 1988.

FERREIRA, A. B. de H. **Novo dicionário aurélio da língua portuguesa**. 2.ed. Rio de Janeiro: Nova Fronteira, 1986.

GONDIM, N. **Manual padrão para redações com português bem português**. São Paulo: Scritta, 1993.

LUFT, C. P. **Minidicionário luft**. 5.ed. São Paulo: Ática/Scipione, s.d.

SACCONI, L. A. **Nossa gramática – teoria**. 9.ed. São Paulo: Atual, 1989.

_____ **1000 erros de português da atualidade.** Ribeirão Preto: Nossa Editora, 1990.

_____ **Não erre mais!** 13.ed. São Paulo: Atual, 1990.

Siglas De Vestibulares

(na ordem em que aparecem no livro)

FGV-SP – Fundação Getúlio Vargas (São Paulo)

EPM-SP – Escola Paulista de Medicina

UFRS – Universidade Federal do Rio Grande do Sul

UFOP-MG – Universidade Federal de Ouro Preto (Minas Gerais)

FCC – Fundação Carlos Chagas

Mack-SP – Universidade Mackenzie (São Paulo)

FCMSC-SP – Faculdade de Ciências Médicas da Santa Casa (São Paulo)

FMPA-MG – Faculdade de Medicina de Pouso Alegre (Minas Gerais)

ITA-SP – Instituto Tecnológico de Aeronáutica (São Paulo)

FGV-RJ – Fundação Getúlio Vargas (Rio de Janeiro)

UFV-MG – Universidade Federal de Viçosa (Minas Gerais)

Fuvest-SP – Fundação Universitária para o Vestibular (São Paulo)

UEL-PR – Universidade Estadual de Londrina (Paraná)

USF-SP – Universidade São Francisco (São Paulo)

UFSCar-SP – Universidade Federal de São Carlos (São Paulo)

UFJF-MG – Universidade Federal de Juiz de Fora (Minas Gerais)

UFU-MG – Universidade Federal de Uberlândia (Minas Gerais)

UEPG-PR – Universidade Estadual de Ponta Grossa (Paraná)

PUC-SP – Pontifícia Universidade Católica de São Paulo

Vunesp-SP – Fundação para o Vestibular da Unesp (São Paulo)

FAAP-SP – Fundação Armando Álvares Penteado (São Paulo)

Unimep-SP – Universidade Metodista de Piracicaba (São Paulo)

Fatec-SP – Faculdade de Tecnologia de São Paulo

Valeu a pena?
Tudo vale a pena
Se a alma não é pequena."

(Fernando Pessoa)

ENSINO DE LÍNGUA PORTUGUESA
E DOMINAÇÃO
POR QUE NÃO
SE APRENDE
PORTUGUÊS?

Sérgio Simka
Musa Editora, 2001
14 X 21cm 128 p. R$20,00
ISBN 85-85653-52-3

Por que, após onze anos sendo submetidos às aulas de português, os alunos saem das escolas sem saber português? E por que as pessoas, que passaram pelos bancos escolares, dizem que não sabem português ou que português é uma língua muito difícil?

Procurando compreender essa questão, o professor Sérgio Simka, mestre em língua portuguesa pela PUC-SP, afirma, apoiando-se num percurso reflexivo próprio, que foge à doutrina acadêmica vigente, que o ensino de português reflete uma contradição constitutiva do próprio sistema de ensino, porque, ao mesmo tempo que propõe aos alunos o acesso à variedade padrão (considerada por muitos a língua portuguesa), o sistema nega tal acesso, o que contribui para manter-se uma diferença entre um saber transmitido e o que é efetivamente aprendido.

O chamado fracasso do ensino de língua portuguesa decorre dessa contradição, pois vem engendrado pelo próprio ensino com base em uma rede de mecanismos instituídos na aula de português, que condicionam a prática de língua ao simples reconhecimento da variedade tida como padrão.

Ao consubstanciar essa condição contraditória, instaura-se o ignorantismo lingüístico que, dentro de um feixe de representações e de práticas, produz as condições objetivas de manter os alunos distantes do domínio de variedade padrão, culminando na institucionalização do fracasso lingüístico.

Disso resulta a inculcação, nos alunos, do que o professor Sérgio Simka chama de síndrome de inferioridade lingüística, essência de um outro tipo de dominação do segmento socioeconômico no poder, já que este exerce o domínio na esfera material: a simbólica, que atende a interesses de sua perpetuação político-ideológica.

Trata-se de um livro que visa a polemizar, a abalar o dogmatismo, a romper a crença que muitos têm na dificuldade da língua portuguesa. Trata-se, enfim, de uma obra corajosa, na medida em que coloca a nu não só a contradição da prática lingüística no seio do ensino de língua portuguesa, mas o viés ideológico constitutivo dessa contradição.

Ler os Clássicos

A Arte Poética de Horácio (edição bilíngüe, latim-português)
Dante Tringali (tradução, comentários e notas)

História de Florença (Istorie Fiorentine) 2ª ed. revista
Nicolau Maquiavel (Tradução e notas de *Nelson Canabarro*)

Horácio, Poeta da Festa / Navegar não é preciso, 28 Odes latim-português
Dante Tringali (O Código do Vinho em Horácio e Ricardo Reis [Fernando Pessoa], Mulher marginal, etc.)

Antologia de Antologias - 101 poetas brasileiros "revisitados"
Org.: *Zina B. Silva, Zélia Thomaz de Aquino e Magaly T. Gonçalves*. Prefácio Alfredo Bosi

Antologia de Antologias, Prosadores brasileiros "revisitados"
Org.: *Zina B. Silva, Zélia Thomaz de Aquino e Magaly T. Gonçalves*. Prefácio: Fábio Lucas
Apresentação: Plínio Doyle (500 anos de prosa clássica brasileira, de Anchieta a Mário Faustino)

Deusas e Adivinhas - Mulher e adivinhação na Roma Antiga
Santiago Montero (Trad. de *Nelson Canabarro*)

Da Moeda – 1751 (co-edição Segesta)
Ferdinando Galiani (Trad. de *Marzia Terenzi Vicentini*)

Economistas Políticos (Trad. Pedro Alcântara Figueira)
Adam Smith, Benjamin Franklin, Ricardo et all

Se não encontrar estes livros nas boas livrarias, peça diretamente à Musa Editora por telefone, fax, carta ou e-mail.

Musa Ficção

Ronda de Fogo (contos)
Cacy Cordovil

Egberto, um Homem Desprevenido (romance urbano sobre um corretor de títulos mobiliários)
Otávio Issa

Da Morte, Mariana volta à vida (relato de uma médica)
Nazaré Lisboa

As Duas Noras (contos)
Regina Helena de Paiva Ramos

Musa Poesia

Sonetos Neobíblicos, Precisamente (Prefácio Rinaldo Gama, ilustrações Maximino Cerezo Barredo)
Pedro Casaldáliga (Poemas em espanhol, demais textos em português)

Navegadores do Olhar (Prefácio Frei Betto)
José Luís Monteiro

Vozes e Silêncios (Prefácio Urbano Tavares Rodrigues)
José Luís Monteiro

Horas de Insônia (Prefácio Eraídes Rabelo)
Paulo Bungart

O Olho do Canário
Moacir Amâncio

Tributo ao Povo do Sol
Jelson Oliveira

Memória do Corpo
José Luís Monteiro

Colores Siguientes
Moacir Amâncio